Collection Collège

dirigée par Françoise Ploquin
agrégée de lettres modernes
professeur au lycée Victor Hugo à Paris

RECUEIL DE DICTÉES

Règles. Dictées.
Exercices et Corrigés
4e & 3e

Colette Berthelin
Maître ès lettres

Francis Yaiche
Certifié de Lettres modernes

PÉDAGOGIE MODERNE
17, rue Rémy Dumoncel
75014 Paris

Dans la même collection :

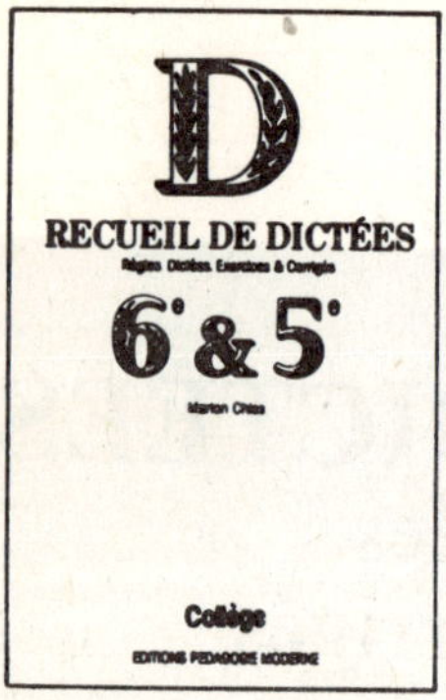

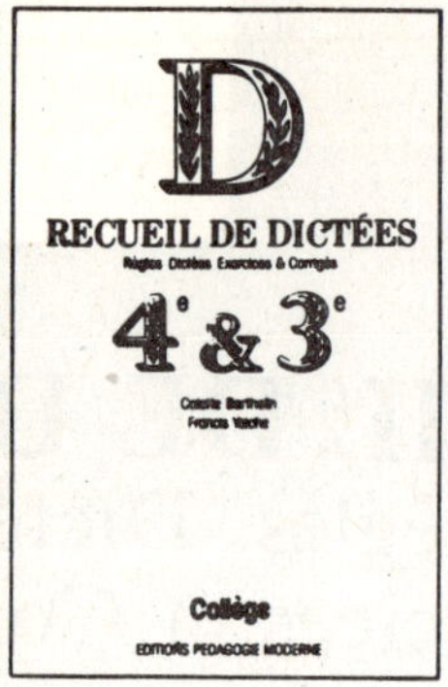

ISBN 2.04.015820.0

La faiblesse en orthographe est trop souvent vécue par les adultes et les élèves comme une source de culpabilisation. Cet ouvrage doit démontrer aux élèves des classes de 4e et 3e, faibles en orthographe, qu'ils peuvent faire des progrès s'ils procèdent méthodiquement.

Initiation à la lecture

On répète volontiers que la lecture constitue le meilleur remède contre les faiblesses en orthographe ; encore faut-il articuler les deux pratiques.

Les textes des dictées sont extraits de livres capables de passionner la jeunesse : L'Ile des perroquets *de Robert Margerit (Livre de Poche),* La Maison du canal *de Georges Simenon (Presses Pocket),* Naufragé volontaire *d'Alain Bombard (Livre de Poche),* Vipère au poing *d'Hervé Bazin (Livre de Poche),* Le Horla *de G. de Maupassant (Livre de Poche). Chaque dictée reprend une anecdote autonome ; les textes sont liés entre eux par un résumé. Ainsi, s'intéressant à une histoire suivie, l'élève devrait prendre plaisir à en écrire des extraits. Nous espérons d'autre part lui donner envie de se reporter au texte intégral, ne serait-ce que pour connaître la fin des aventures qu'il découvrira ici...*

Déroulement du travail

Cet ouvrage comprend trois parties essentielles :

- *1re partie : Règles et dictées (40 leçons)*
- *2e partie : Exercices*
- *3e partie : Corrigés des exercices*

1re phase : l'adulte et l'élève travaillent ensemble (1re partie)

PRÉPARATION. Chaque leçon proprement dite s'organise en deux temps. D'abord **l'élève découvre la règle** *: observation des exemples suivant les conseils donnés, étude de la règle. Ensuite* **l'élève prépare la dictée**, *le but à atteindre étant de parvenir à un «sans faute». Il la lit attentivement et repère les emplois de la règle qu'il vient d'étudier. Certains mots ou expressions sont imprimés en caractères gras dans la dictée : ce sont toutes les difficultés (mots-pièges, constructions grammaticales non encore étudiées) sur lesquelles l'élève risque de commettre des fautes*[1].

1. Si l'élève fait de sensibles progrès, il peut passer directement de l'étude de la règle à la dictée sans préparation préalable du texte. Il pourra, dans ce cas, recourir à un dictionnaire chaque fois qu'il hésitera sur l'orthographe d'un mot, le but à atteindre étant toujours le «sans faute».

Toutes les leçons portant un numéro multiple de 8 sont des **leçons de révision**. *Pas de nouvelle règle à apprendre lors de ces séances, mais il convient de revoir les règles et les mots en gras des sept leçons précédentes Des exercices de révision permettront de se remémorer les nouvelles connaissances La dictée, dans les leçons de révision, ne doit pas être lue préalablement.*

DICTÉE. La lecture du texte doit être lente, bien articulée et calme afin que l'élève puisse se concentrer. Ne pas oublier de relire le texte (en redictant la ponctuation, ou en marquant des pauses suivant les conseils donnés) une fois la dictée terminée. Laisser un temps de relecture.

CORRECTION. Il est bon que ce soit l'élève qui corrige lui-même sa dictée sous l'œil attentif de celui qui l'aide (voir barème de correction, p. 10).

2e phase : l'élève travaille seul (2e et 3e parties)

Une fois la phase de l'apprentissage de la règle et de la dictée terminée, l'élève est invité à réviser ses acquisitions de grammaire et de vocabulaire à l'aide d'exercices et de jeux proposés dans la deuxième partie de cet ouvrage. Mots croisés et messages codés lui permettront de combiner la poursuite d'un travail sur la langue avec une distraction éducative.

Les corrigés de ces exercices se trouvent à la fin du livre.

* *

*

Ce manuel pratique n'a pas la prétention d'être un traité d'orthographe et encore moins un livre de grammaire. Il se donne seulement pour mission de clarifier les idées des élèves à propos de points épineux en énonçant des règles courtes et en donnant des «trucs» simples permettant d'éviter les fautes. Certains problèmes orthographiques étant ardus, les auteurs se sont efforcés d'adopter une progression pédagogique qui fasse alterner les questions «lourdes» et les questions «légères», ou bien même d'étaler l'étude de problèmes délicats, comme par exemple ceux des temps de l'indicatif ou du redoublement des consonnes, au fur et à mesure des leçons. Nous attirons l'attention de nos lecteurs sur l'importance de la partie Exercices *: d'une part parce qu'elle constitue un entraînement indispensable à l'assimilation des connaissances acquises, d'autre part parce qu'on y trouvera le plus souvent un troisième exercice traitant une difficulté qui, pour être secondaire, n'en est pas moins un écueil fréquent. Enfin, le présent ouvrage s'incrit dans une collection générale des éditions* Pédagogie Moderne *consacrée à l'orthographe ; aussi, ne devra-t-on pas s'étonner de l'absence ou de la présence de certaines questions déjà traitées dans deux fascicules de difficulté progressive:* Cent vingt dictées de 6e *et le* Recueil de dictées *pour les* 6e et 5e.

L'Ile des perroquets

Les dictées comprises entre la p. 11 et la p. 25 ont été puisées dans le livre L'Ile des perroquets *de Robert Margerit*[1].

Robert Margerit est né en 1910 à Brive (Corrèze), où il passe une enfance tout assombrie par la guerre et marquée de l'amour de la solitude en compagnie de ses livres préférés, entre autres les œuvres de Jules Verne. Après des études de droit, il entre en 1931 au journal *Le Populaire du centre* comme reporter et critique littéraire puis en devient le rédacteur en chef en 1948.

A partir de 1932, il publie des poèmes, des pièces de théâtre, des nouvelles et des romans qui lui valent de recevoir en 1951 le prix Renaudot, puis en 1963 le Grand Prix de l'Académie française.

L'Ile des perroquets, paru en 1942, est le récit épique d'un petit employé de ferme orphelin, Antoine, qui, parce qu'il est soupçonné d'un crime qu'il n'a pas commis est obligé de fuir. Pendant de longues années il va parcourir le vaste monde, partager la vie aventureuse de pirates sans foi ni loi, sillonner les mers et les continents, échouer sur une île déserte, trouver un trésor, affronter cent fois la mort et enfin rencontrer l'amour auprès d'une jeune femme qu'il a sauvée de la noyade.

Ce récit d'aventures vous captivera, non seulement parce qu'il est écrit d'une plume alerte et moderne, mais aussi parce qu'il vous emportera avec le narrateur à la recherche de son destin dans l'implacable univers des réprouvés, où les durs et les traîtres font parfois preuve d'un courage et d'un cœur admirables.

La Maison du canal

Les dictées comprises entre la p. 29 et la p. 41 ont été puisées dans le livre La Maison du canal *de Georges Simenon (éd. Presses de la Cité)*[2]

Georges Simenon est né à Liège en 1903. Dès l'âge de onze ans il pense à écrire, mais, en 1918, il doit renoncer à ses études et commencer à travailler parce que son père est gravement malade. Tout d'abord commis de librairie, il entre en 1919 à la *Gazette de Liège* et parvient à publier quelques contes. En 1922, il arrive à Paris et écrit pendant dix ans de nombreux contes pour plusieurs journaux de la capitale.

1 Nous vous recommandons vivement de lire cet ouvrage (*Livre de Poche* n° 3879).
2 Nous vous recommandons vivement de lire cet ouvrage (*Presses Pocket*, n° 1335).

Le Roman d'une dactylo, paru en 1924, est le premier roman d'une carrière de romancier particulièrement féconde. A la même époque, Simenon commence à voyager et en 1928, il achète sa première péniche, *La Ginette*, avec laquelle il va faire le tour de la France par les canaux et les rivières. A la demande de Joseph Kessel, il compose une série de nouvelles où, pour la première fois, apparaît le personnage de Maigret.

En 1945, il part au Canada et aux États-Unis pour un séjour de dix ans. En 1956 il rentre en Europe, habite Cannes puis s'installe définitivement en Suisse où il vit actuellement.

Avec *La Maison du canal* nous sommes loin des magnifiques horizons que nous proposait Robert Margerit dans *L'Ile des perroquets*. Ici l'atmosphère est lourde, monotone, voire sinistre, à la mesure de cette désolante et rude campagne belge qui offre son décor au récit. L'histoire est celle d'une petite citadine de quatorze ans, Edmée, qui est recueillie par sa tante, à la mort de son père, médecin.

Edmée fait avec sa tante et ses cousins l'apprentissage des dures mœurs campagnardes, de la solitude et de l'ennui, jusqu'au jour où un crime est commis...

Ce récit, conduit à la manière d'une énigme policière, tient en haleine le lecteur tout en lui faisant partager les joies, les émotions et les révoltes de la jeune orpheline.

Naufragé volontaire

Les dictées comprises entre la p. 45 et la p. 57 ont été puisées dans le livre Naufragé volontaire *d'Alain Bombard (Éditions de Paris)*[1].

Alain Bombard est né en 1925. Après des études de médecine et à la suite d'un accident en mer dans lequel les naufragés périrent par manque de sang-froid, il décide de vouer sa vie à l'étude des rapports entre l'homme et le milieu marin. A 27 ans, il effectue avec un compagnon la traversée Monaco-Tanger, sans eau ni vivres, puis réitère l'expérience mais seul cette fois, entre Las Palmas (île des Canaries) et la Barbade (île des petites Antilles) sur un canot pneumatique de 4,60 m – *L'Hérétique* – affublé d'une petite voile de canoë.

Décider d'être naufragé volontaire en Méditerranée puis dans l'océan Atlantique, pour prouver que la survie en haute mer est possible même si l'on est seul et dépourvu de moyens, est une gageure qui parut aussi saugrenue que folle à bon nombre des contemporains de Bombard. Les nombreuses embûches dressées contre son projet, les difficultés rencontrées n'allaient cependant pas décourager le jeune médecin avide d'aventures et désireux de

1. Nous vous recommandons vivement de lire cet ouvrage (*Livre de Poche*, n° 368)

montrer au monde la justesse de ses théories. La traversée dura soixante-cinq jours. C'est le récit de ce fantastique exploit où alternent les moments d'espoir, de joie, de souffrance et de découragement que relate *Naufragé volontaire*.

Médecin, biologiste, musicien, conteur, conférencier, scientifique, écrivain, Alain Bombard est un amoureux de la mer. Il ne cesse de militer pour le respect de la nature.

Vipère au poing

Les dictées comprises entre la p. 61 et la p. 73 ont été puisées dans le livre Vipère au poing *d'Hervé Bazin (éd. Grasset)*[1].

Hervé Bazin est né en 1911 dans une famille de la vieille bourgeoisie angevine. Très jeune, il manifeste un caractère indépendant et a de violents démêlés avec ses parents. Après des études secondaires mouvementées, il quitte le foyer familial et vient faire une licence de Lettres en Sorbonne, exerçant différents métiers pour gagner sa vie. En 1948, il parvient brusquement à la notoriété après la parution de son premier roman *Vipère au poing*, salué par la critique unanime comme la révélation de l'année. Bien d'autres succès suivirent cette première réussite ; citons entre autres : *La Tête contre les murs* (1949) ; *La Mort du petit cheval* (suite de *Vipère au poing*) ; *Lève-toi et marche* (1952) ; *Un Feu dévore un autre feu* (1978).

Hervé Bazin a reçu de nombreux prix littéraires et notamment en 1958 le prix de l'Académie Goncourt dont il est devenu le président depuis 1972. Ses livres, traduits en vingt-huit langues, ont été tirés, seulement pour la France, à treize millions d'exemplaires. Le grand et le petit écran n'ont d'ailleurs pas manqué de s'en emparer (*Vipère au poing* a fait l'objet d'une adaptation pour la télévision avec Alice Sapritch dans le rôle de Folcoche).

Dans le roman, Hervé Bazin réussit de façon unique à peindre le monde de l'adolescence et ses conflits parfois violents avec les adultes. Il touche notre sensibilité en nous faisant participer de l'intérieur, avec Jean le narrateur, aux sentiments de haine, de révolte et d'incompréhension qui peuvent venir troubler une famille. On ne saurait rester indifférent à l'humour, à la férocité et à la tendresse de cet émouvant récit.

1 Nous vous recommandons vivement de lire cet ouvrage (*Livre de Poche*, n° 58)

Le Horla

Les dictées comprises entre la p. 77 et la p. 89 ont été puisées dans le livre Le Horla *de Guy de Maupassant*[1].

Guy de Maupassant est né en 1850 au château de Miromesnil et fut élevé par sa mère qui vivait à Étretat séparée de son mari. Elle était amie d'enfance de Flaubert qui conseilla le jeune Guy dans ses lectures, corrigea ses premiers essais et le mit en relations avec les écrivains de la nouvelle génération. Dès 1878, Guy de Maupassant écrit dans les grands journaux parisiens et fait partie du groupe de «Médan». En 1880 la publication de la nouvelle, *Boule de suif,* le rend célèbre. Pendant les dix années qui suivent, il est absorbé par la composition de ses nombreux ouvrages, qui obtiennent auprès du public un vif succès. Il vit à Paris ou bien voyage à travers l'Europe ou encore sur son yacht *Bel ami*. Mais le surmenage et une terrible maladie éveillent en lui une inquiétude qui se transforme vite en neurasthénie aiguë. Il a des hallucinations. Sentant sa raison lui échapper, il tente de se tuer en 1891; on doit l'enfermer dans une maison de santé à Auteuil jusqu'à sa mort, le 6 juillet 1893.

Dans chacune des quarante pages de cette nouvelle écrite en 1887, le lecteur s'interroge, s'inquiète et frissonne d'effroi. Quel est donc cet être invisible et mystérieux venu d'un autre monde pour narguer et hanter les jours et les nuits du narrateur ?

Le Horla est-il rêve ou réalité ? En lisant le journal intime tenu par le narrateur pendant ces dix-sept semaines, vous vivrez d'une façon troublante l'enfer d'un homme épuisé par son combat contre un être insaisissable et vous assisterez à la lente dégradation mentale d'un esprit guetté par la folie.

1. Nous vous recommandons vivement de lire cet ouvrage (*Livre de Poche*, n° 840)

Règles & Dictées

Combien compter de points par faute ?

Jadis on ôtait 4 points par faute (5 fautes = 0); aujourd'hui la tendance est de retirer seulement deux points par faute (10 fautes = 0). Il faut bien se convaincre que le principe de la notation est totalement arbitraire ; on l'adaptera donc au niveau de l'élève afin qu'il puisse constater ses progrès. Les dictées étant préparées, on peut faire preuve d'une certaine exigence.

Détermination des fautes

– *fautes de vocabulaire et de grammaire* → 1 point
– *fautes de cédille, accent sur l'imparfait du subjonctif, accent sur* à *ou* où → 1/2 point
– *faute d'accent sur un mot* → 1/4 point

On fera le total des fautes commises, puis, selon le nombre de points retirés par faute, on notera.

	La nuit tomba. Les
s' (gram.) 1	moines c'étaient retirés,
	laissant quatre des leurs,
	dévider leurs patenôtres
genoux (gram.) 1	à genous sur les dalles.
	Ils avaient des mines
	plutôt patibulaires que
carrures (voc.) 1	dévotes, de vastes carures.
s'enfonçaient	Leurs, mains s'enfoncaient
(cédille) 1/2	obstinément dans des
	manches capables
	d'abriter tout un
	arsenal. L'ombre
	noyait le vaisseau de
	l'église. Seul le cata-
éclairé (gram.) 1	falque était éclairer
	par la flamme cli-
	gnotante des cierges.
s' *	Au-dessus de lui c'éle-
	vait une grande vierge
émail (accent) 1/4	de cire aux yeux d'email.

* On ne recompte pas cette faute qui a été faite plus haut.

LEÇON 1 Les accents et le tréma

- Faire :
– lire les exemples à haute voix en insistant sur la prononciation ;
– arrêter l'élève sur chaque voyelle accentuée pour qu'il précise la nature de l'accent (aigu, grave circonflexe) ;
– reconnaître les trémas et observer où ils se placent.

EXEMPLES

1. Il a été élevé avec sévérité par son précepteur jusqu'**à** l'**â**ge de vingt ans.
2. J'ai ouï dire qu'il était naïf, égoïste et qu'il haïssait son aïeul.
3. **Où** l'herbe a **crû**, je suis **sûr** que personne n'a **dû** marcher ; **là** par exemple !
4. La fenêtre s'ouvre sur la forêt. Son père et sa mère ont acheté une chèvre.
5. Les pattes des bêtes qu'il fabrique sont en pâte **à** modeler.

RÈGLES

- **L'accent grammatical** :

– **modifie le son de certaines lettres**. La voyelle surmontée de l'accent aigu est fermée (*un été*) ; surmontée de l'accent grave, elle est ouverte (*une mère, là, où*) ; surmontée de l'accent circonflexe, elle est encore plus ouverte (*un bâton, une tête*).

– **distingue deux mots ayant un sens différent avec une orthographe identique**. C'est le cas de quelques accents graves et de quelques accents circonflexes :

à (préposition) **a** (verbe avoir)	**crû** (part. passé du v. croître) **cru** (part. passé du v. croire)
dès (préposition) **des** (article)	**dû** (part. passé du v. devoir) **du** (article)
où (adverbe ou pronom) **ou** (conjonction)	**mûr** (adjectif qualificatif) **mur** (nom)
sûr (adjectif qualificatif) **sur** (préposition)	**tâche** (nom : devoir) **tache** (nom : saleté)

caractérise l'imparfait du subjonctif à la troisième personne du singulier : *qu'il chantât, qu'il prît.*

Un accent est un signe placé sur une voyelle pour en indiquer la prononciation (*é, è, ê*) ou pour distinguer un mot d'un homonyme non accentué (*la* et *là*, *du* et *dû*). Seules les voyelles qui terminent une syllabe peuvent porter un accent. Si la syllabe est entravée par une consonne, elle ne porte pas d'accent ; c'est pourquoi on ne trouve jamais d'accent avant une lettre double.

Ex. : l'é/lec/tri/ci/té
1 2 3 4 5

La première et la dernière syllabe sont libres : les voyelles sont donc accentuées. La seconde syllabe est entravée par le *c* du groupe *ct* : le *e* ne porte pas d'accent.

Ex. : la tech/ni/que ; un é/vé/ne/ment ;
1 2 3 1 2 3 4

une é/lé/va/tion ; la ter/re ; il ap/pel/le ; ef/fa/cer ; é/phé/mè/re.

- **Le tréma (¨)**

Le tréma se place sur l'une des voyelles *e, i, u* pour indiquer que la voyelle qui précède doit être prononcée séparément.

Ex. : *archaïque ; celluloïd ; stoïque ; égoïsme ; coïncider ; une baïonnette ; laïc ; naïf ; un caïman ; un païen ; Noël.*

L'ILE DES PERROQUETS
de Robert MARGERIT (voir p. 5)

RÉSUMÉ

Le jeune Antoine, employé dans une ferme du Limousin s'éprend de Marion, la nièce de la vieille Cathy. Leur amour reste secret jusqu'au moment où un drame se produit : Marion est trouvée noyée dans l'étang du Pas-de-l'Ane. Les vêtements d'Antoine, tachés de sang, le rendent terriblement suspect. Antoine doit affronter les questions de la maréchaussée. Voici notre héros dans une passe difficile.

- Faire :
– lire le texte par l'élève avant de le lui dicter ;
– repérer les mots accentués et les lire à voix haute en détachant chaque syllabe ;
– dire si la syllabe est libre ou entravée par une consonne ;
– apprendre les mots en gras (sur la signification de ce code, cf. p. 3) ;
- N'oubliez pas de relire une dernière fois le texte après l'avoir dicté à l'élève.
- Une fois la dictée terminée, dans la partie *Exercices* (cf. p. 94), l'élève aura l'occasion de mettre en pratique ses connaissances en matière d'accentuation.

DICTÉE (d'après R. Margerit, *L'Ile des perroquets*)

Je me rappelle la salle où, après m'avoir attaché par des **courroies** dans un fauteuil massif, **scellé** aux dalles, un homme et son aide qui ressemblaient à deux forgerons, m'enfermèrent les jambes entre des **ais** de bois[1] archaïques.

Une salle pareille à n'importe quel atelier. Ce qu'il y avait, c'est que tout un **pan** des murs **suintait**, répandant une odeur de **moisissure**. **Quant au**[2] reste, elle était propre, honnêtement en désordre comme un lieu où l'on travaille ; le **bourreau** manipulait ses outils avec les soins d'un artisan entendu à son ouvrage ; le magistrat qui présidait ne trahissait aucune haine envers moi. Il devait souffrir de l'estomac, car il bâillait très souvent, mais il ne mettait aucune méchanceté dans ses propos, tout au plus une nuance d'indifférence passait-elle dans sa voix. Il faisait son métier ; ce métier ne lui réservait plus de surprise.

Il s'agissait d'être sûr que j'avais commis le crime. Les hommes ont besoin de comprendre, d'être sûrs. Pour satisfaire cet instinct, toutes les atrocités leur sont légères.

L'aide posa un coin entre ma chair nue et les ais, au-dessus du genou.

Qu'arrivera-t-il à Antoine ? Sera-t-il mis en prison ou réussira-t-il à prouver son innocence ? Ou peut-être même s'enfuira-t-il ? Vous le saurez en ouvrant L'Ile des perroquets *de R. Margerit page 21 (*Livre de Poche, *n° 3879).*

1 *Ais de bois* planches de bois menuisé. 2 *Quand* s'écrit le plus souvent avec un *d* ; il est alors synonyme de «lorsque». Dans l'expression *quant à, quant au* (= en ce qui concerne), il prend un *t*

LEÇON **2**

Les terminaisons de l'indicatif présent

- Faire :
– lire les exemples suivants en demandant à l'élève de repérer les terminaisons des verbes et de préciser si le sujet est à la première ou troisième personne du singulier ou du pluriel ;
– chercher le plus grand nombre de verbes ayant la même terminaison que ceux inscrits dans le tableau suivant.

EXEMPLES

J'aime être libre : je reç**ois** qui je veu**x**.
Tu fai**s** ce que tu peu**x**.
Émilie port**e** un cadeau à Gérard. Il la reçoi**t** dans sa salle à manger et pren**d** le cadeau.
Nous aim**ons** ce que vous écriv**ez**.
Ils en veul**ent** encore.

RÈGLES

Les désinences personnelles de l'indicatif présent sont constituées par les lettres et syllabes indiquées dans le tableau ci-dessous :

Nbre	Personne	Pronom	Désinences	Exemples	Exceptions
SINGULIER	1re pers. celle qui parle	Je	e, s, x	J'aime, je suis, je finis, je reçois, je veux, je vaux.	sauf j'ai.
	2e pers., celle à qui l'on parle	Tu	s, x	Tu aimes, tu peux, tu fais.	
	3e pers., celle dont on parle.	Il Elle ou on	e, t, d	Il porte, il est, il reçoit, il prend, il entend.	sauf il a, il vainc, il va et leurs composés.
PLURIEL	1re pers. celles qui parlent.	Nous	-ons	Nous chantons, nous sortons, nous allons.	Désinence en **-mes** dans : nous sommes.
	2e pers., celle(s) à qui l'on parle.	Vous	-ez	Vous marchez, vous haïssez, vous tenez.	Désinences en **-tes** dans : vous êtes, vous faites, vous dites.
	3e pers., celles de qui l'on parle.	Ils ou Elles	-ent	Ils jouent, elles grandissent, elles sentent.	Désinences en **-ont** dans : ils ont, ils sont ; elles vont, elles font.

- **A la 1re pers. du sing. de l'ind. prés., les verbes ne peuvent se terminer que par -*e*, -*s* ou -*x*** (sauf le verbe *avoir* : *j'ai*) **mais jamais par un -*t* à aucun temps ni à aucun mode.**
- **A la 3e pers. du sing. de l'ind. prés., les verbes ne peuvent se terminer que par -*e*, -*t* ou -*d*** (exceptions : *avoir, aller, vaincre*). **Ils ne peuvent jamais se terminer par un -*s*.**

RÉSUMÉ

Antoine réussit à s'évader et gagne à pied le sud de la France. Une nuit, réfugié près d'une crique, il est le témoin involontaire d'une manœuvre de contrebandiers. Conduit devant le capitaine Flint, Antoine signe la charte qui le lie à la loi des brigands et est adopté par l'équipage du Walrus. Les aventures et les rapines se succèdent. Lors d'une halte à Galapas, l'équipage est séduit par la beauté de Mañuela, fille d'une tenancière de tripot sans scrupules. Brice, le porte-parole de l'équipage, très épris de Mañuela, l'emmène à bord. Mais Flint menace de la pendre et Brice réussit à l'épargner en la laissant voguer sur un canot. Antoine s'est lié d'amitié avec Brice et s'entretient avec lui sur sa vie passée à courir les mers.

- Faire :
  - lire le texte une fois par l'élève avant de le lui dicter ;
  - repérer les verbes à l'indicatif présent et en épeler la désinence ;
  - apprendre les mots en gras.
- Épeler : *Cornillon* et *Brice*.
- Dicter la ponctuation, y compris les tirets des dialogues.

DICTÉE (d'après R. Margerit, *l'Ile des perroquets*)

– Tu t'étais bien juré pourtant de l'abandonner, dit Antoine.

– J'ai eu tort et j'ai été **châtié**. Il faut prendre les choses comme elles viennent. Il y a des rêves que nous ne pouvons pas faire.»

Il ne dit rien pendant un instant, puis il ajouta – et sa voix eut un fléchissement :

«Nous ne sommes pas libres, même ici, sur la mer, sous ce drapeau ; pas libres de pardonner à qui nous aimons, captifs jusqu'au bout de notre intolérance, de notre **orgueil**, de nos illusions.

– Pierre Cornillon, un vieux de chez nous, dit que comme on fait son lit on se couche. En vérité, je crois plutôt que c'est le destin qui le fait notre lit : pour l'un une misérable **paillasse**, pour l'autre une **couette** de duvet. Qu'y pouvons-nous ? Si le destin le veut et nous entend, nous serons sur ces vaisseaux là-bas marins du roi. Nous y gagnerons des grades et de l'estime.

– Ni les grades ni l'estime ne rendent heureux. Parmi ces marins du roi, sois en sûr, il en est qui changeraient leur place pour **la nôtre**.

– Pourtant, dis-je, le côté du roi est le meilleur. L'**honnêteté**, la **vertu** : c'est cela que représente un roi.

– Écoute, fit Brice en se tournant vers moi, il faut que je te narre une histoire. C'était bien avant que tu viennes à bord...

Si vous aussi avez envie d'entendre Brice raconter son histoire, ouvrez vite votre livre à la page 75.

LEÇON

3 Les adjectifs numéraux

● Faire observer les variations orthographiques entre les différents adjectifs numéraux et tâcher d'en formuler les règles d'accord.

EXEMPLES

1. **Sept cents** millions multipliés par **quatre** égalent **deux milliards huit cents millions.**
2. Tu me dois **cinquante** francs et non pas **cent.**
3. Tu feras le **quatrième** joueur au **second** tour.
4. Ce collège accueille **six cents** élèves. Hier nous n'étions que **quatre-vingts** ou **quatre-vingt-deux.**
5. **Cinq mille** pigeons devaient être lâchés pour la fête de la paix. Or il n'y en eut que **neuf cent cinquante** qui s'envolèrent.
6. Les **troisièmes** de chaque file et les **quatre** derniers sortiront du rang.

RÈGLES

Les adjectifs numéraux cardinaux qui marquent le nombre (*un, deux, trois*, etc.) **sont invariables** (sauf *un* qui peut se mettre au féminin) **même quand ils sont précédés d'un déterminant pluriel** (ex. 6).

Mille **est toujours invariable** (ex. 5); ***million*** **et** ***milliard*** **s'accordent** (ex. 1).

Les adjectifs numéraux ordinaux (*premier, second, troisième,* etc) **s'accordent normalement.**

● **Trait d'union**

Il est d'usage de mettre un trait d'union entre les différentes parties des nombres ou fractions de nombres inférieurs à *cent* (ex. 4 et 5).

● **Vingt et cent**

Vingt **et** ***cent*** **prennent la marque du pluriel s'ils sont multipliés et s'ils désignent plusieurs vingtaines ou plusieurs centaines entières. Mais si** ***vingt*** **et** ***cent*** **sont suivis d'un autre adjectif de nombre, ils restent invariables** (ex. 4).

Lorsque ***vingt*** et ***cent*** sont employés comme adjectifs ordinaux ils sont invariables (ex. : page quatre-vingt).

RÉSUMÉ

Les hommes aperçoivent bientôt le canot. Mañuela a disparu tandis qu'ils trouvent le cadavre défiguré, rongé par le sel, d'un des leurs, enfui avec la jeune fille. Le Walrus *est pourchassé par les gens du roi, sa position est critique.*

- Faire :
  – lire le texte une fois par l'élève avant de le lui dicter ;
  – repérer les chiffres ;
  – apprendre les mots en gras.
- Épeler le nom propre : *Maracaïbo.*
- Dicter la ponctuation.

DICTÉE (d'après R. Margerit, *L'Ile des perroquets*)

Les gens du roi, enfin, se trouvaient deux cents par navire ; nous soixante en tout. En d'autres temps, cette écrasante supériorité ne nous **eût** guère intimidés : nous nous serions battus comme dix mille diables ; avec vingt-sept canons, à soixante hommes, nous avions **démâté** et abordé, par le travers de Maracaïbo, cinq mois plus tôt, un vaisseau de second rang que nous avions laissé à l'état de **brûlot**[1] après lui avoir enlevé ses boulets (cent quatre-vingt-cinq en tout), sa poudre (plus de deux cent cinquante kilos), et le coursier[2] qui **s'allongeait** maintenant sur notre **gaillard**[3]. Mais depuis lors le poids d'une fortune si obstinément contraire s'était abattu sur nos épaules. Ses mille et un coups répétés nous enlevaient notre confiance en nous-mêmes avec la sauvagerie qui nous rendait invincibles. La vérité est que nous étions **amollis**, découragés.

Les pirates parviendront-ils à échapper aux vaisseaux du roi quand tout semble annoncer leur fin proche ? Vous le saurez en vous reportant à la page 83 du roman.

1. *Brûlot* : petit navire chargé de matières combustibles et destiné à incendier les bâtiments ennemis. 2. *Coursier* : canon qui est dans le passage qui conduit de la proue à la poupe et dont la bouche sort par la proue. 3. *Gaillard* : partie extrême du pont supérieur d'un navire.

LEÇON **4** *Leur, leurs*

• Faire lire les exemples et faire préciser la nature de chaque ***leur*** (pronom personnel, adjectif possessif, pronom possessif).

EXEMPLES

1. Il aime ses enfants, il ne **leur** refuse rien.
2. Les enfants doivent du respect à **leur** père, à **leur** mère, à **leurs** parents.
3. Les gens sages conservent **leurs** amis et les fous perdent les **leurs.**

RÈGLES

• **Ne pas confondre :**

– ***leur*, pronom personnel pluriel** (= «à eux, à elles») **toujours invariable** (ex. 1 → Il ne refuse rien *à ses enfants*) ;

– ***leur, leurs*, adjectifs possessifs qui s'accordent avec le nom auquel ils se rapportent** (ex. 2 : *leur* s'accorde avec *père, mère* ; *leurs* s'accorde avec *parents*) ;

– ***le leur, les leurs*, pronoms possessifs toujours précédés d'un article et qui s'accordent** (ex. 3 → ... les fous perdent *leurs* amis *à eux*).

• **Substitutions à effectuer pour connaître l'orthographe de l'adjectif possessif :**

Mettre la phrase au singulier ;

– ***leur*** (adj. possessif, sing.) **se transforme en *son* ou *sa*** (ex. 2 → L'enfant doit le respect à *son* père, à *sa* mère...) ;

– ***leurs*** (adj. possessif, plur.) **se transforme en *ses*** (ex. 2 → L'enfant doit le respect (...) à *ses* parents.).

RÉSUMÉ

Perturbés par l'irruption de Mañuela dans leur univers, les brigands ont omis de vérifier les réserves d'eau lors de leur départ de Galapas. L'eau manque, la tension monte ; l'équipage découvre que le vieux Flint a sa propre réserve et qu'il défie ainsi les lois de la communauté. Deux clans se créent : celui des acolytes du capitaine et celui des compères de Brice. La Marque Noire est adressée à Flint, la bagarre fait rage, Brice est promu capitaine. Le bateau met le cap sur la Caye de los Papagayos, une voile est en vue, celle de la Virgen-del-Pilar. *Le* Walrus *approche de la caye, toujours talonné par les vaisseaux anglais, l'affrontement est inévitable.*

- Faire :
– lire le texte une fois par l'élève avant de le lui dicter ;
– repérer les ***leur*** et faire préciser la nature de chacun d'eux ;
– apprendre les mots en gras.
- Dicter la ponctuation.
- Épeler les noms propres.

DICTÉE (d'après R. Margerit, *L'Ile des perroquets*)

«Feu partout !»

Je répétai l'ordre dans les batteries au moment où éclatait sur les ponts que nous frôlions le faible cri des vigies donnant l'alerte trop tard. Déjà nos deux flancs crachaient à bout portant leur **tonnerre** de feu et de fonte, et nous passions.

«Pare à virer», hurlait Brice.

Tandis que les frégates surprises dans leur sommeil, et hachées par nos boulets, pointaient leurs pièces sur le nuage de fumée qui stagnait entre elles, se **canonnant mutuellement** sans s'en **apercevoir**, le *Walrus* abattait, virait au vent, passait en poupe des vaisseaux, leur déchargeait par le travers une volée des pièces du château-arrière. En revirant, il leur envoyait en enfilade sa bordée de **tribord**[1] , puis celle de **bâbord**[2] , et enfin s'en allait jeter l'ancre **hors** de portée, pour écouter en toute quiétude les deux navires du roi d'Angleterre, perdus dans la nuit, le brouillard, la fumée, l'**affolement** de la panique, se bombarder à mort. Nous leur avions envoyé dans leurs œuvres vives assez de fonte pour les rendre inoffensifs. Ils s'achevèrent d'eux-mêmes.

Antoine et ses amis ont apparemment gagné. Mais il ne faut pas crier victoire trop tôt car ce vieux briscard de Flint a plus d'un tour dans son sac et... Mais si vous voulez connaître la suite des aventures, ouvrez votre livre à la page 106.

1. *Tribord* : côté droit d'un navire. 2. *Bâbord* : côté gauche d'un navire.

LEÇON

5 L'imparfait et le passé simple de l'indicatif

- Faire :
– observer dans les exemples les terminaisons et donner le temps des verbes ;
– réciter à l'élève l'ensemble du temps du verbe pour chaque exemple donné ci-après.

EXEMPLES

Je chantai	Tu payais	Tu perçus	Je triais
Nous brillions	Il prévint	Vous payiez	Ils rirent
Il vécut	Je chantais	Ils écrivirent	Ils allaient
J'allai	Il brilla	Il vit	Vous riiez

RÈGLES

- **L'imparfait de l'indicatif se forme en ajoutant au radical de tous les verbes les mêmes terminaisons : *-ais, -ais, -ait, -ions, -iez, -aient*.**

- **Le passé simple est caractérisé essentiellement par trois séries de désinences** (seuls font exception les verbes *tenir, venir* et leurs composés).

-ai, -as, -a, -âmes, -âtes, -èrent (1er groupe + *aller*)
-is, -is, -it, -îmes, -îtes, -irent (2e et 3e groupes)
-us, -us, -ut, -ûmes, -ûtes, -urent (3e groupe)

- Les verbes ***tenir, venir*** et leurs composés se caractérisent par la nasale ***in*** (ex. : **j'obtins, tu tins, il retint, nous vînmes, vous parvîntes, ils survinrent**).
- Certains verbes n'ont pas de passé simple : ***dissoudre, absoudre. traire, paître, frire, clore***.

A la première personne du singulier du passé simple, les verbes ne peuvent se terminer que par : *-ai, -is, -us, -ins*. Ils ne se terminent jamais par un *-a* (désinence de la 3e personne du singulier).

A la troisième personne du singulier du passé simple, les verbes ne peuvent se terminer que par : *-a, -it, -ut, -int*. Ils ne se terminent jamais par *-ât* (terminaison de l'imparfait du subjonctif), **et ne prennent en aucun cas d'accent circonflexe à cette personne.**

RÉSUMÉ

Le capitaine Flint prend sa revanche et renvoie la Marque Noire à Brice. Il décide de laisser à leur triste sort les fidèles compagnons du bossman et les abandonne sur l'île peu hospitalière. La vie s'organise sommairement; chacun s'ingénie à mettre ses talents au service du petit groupe quand un mât paraît à l'horizon. Cette embarcation n'est autre que la Virgen-del-Pilar *d'où émane une voix bouleversante et chaleureuse : celle de Manuela. Brice ne peut réprimer un appel pathétique qui dévoile la présence de ses compagnons et les prive d'un précieux secours car la* Virgen-del-Pilar *craignant un assaut, prend la fuite.*

Antoine tient désormais le journal de ce séjour dans l'île comme il le faisait à bord du Walrus. *Il narre dans cet extrait les effets d'une nuit d'orage.*

- Faire :
  - lire le texte une fois par l'élève avant de le lui dicter ;
  - repérer les verbes au passé simple et à l'imparfait de l'indicatif ;
  - repérer les trois imparfaits du subjonctif qui figurent dans la dictée (cf. p. 38) ;
  - apprendre les mots en gras.
- Épeler *Brice* et *fiat lux*.
- Dicter la ponctuation.

DICTÉE (d'après R. Margerit, *l'Ile aux perroquets*)

Vers le milieu de la nuit, autant qu'il fût possible de s'en rendre compte, une **accalmie** se produisit en un instant.. Je jugeai par la suite que nous avions dû à ce moment nous trouver au centre du **typhon**[1] courant vers l'ouest. **Quoi qu'il en ait été**, le vent mollit soudain, puis cessa. La mer tomba presque aussitôt. Le calme s'abattit sur l'île : un calme qui nous sembla, après le **fracas** précédent, la somme de tous les silences du monde. Je voulus parler à Brice et braillai avec une force qui me surprit moi-même.

«Je ne suis pas sourd», me fit observer notre capitaine.

La **tranquillité** de sa voix m'abasourdit autant que le hurlement de la mienne. Il ne semblait pas possible qu'on pût de nouveau entendre un son aussi discret.

Des appels retentissaient. Nous nous réunîmes, non sans peine au milieu d'un prodigieux **chablis**[2]. On se compta dans l'obscurité car, les éclairs ayant fait **trêve**, la **caye**[3] se trouvait plongée dans une nuit opaque et moite : une nuit d'avant le «**fiat lux**[4] » d'où il ne paraissait point que nulle lumière dût jamais sortir.

Le sort s'acharne sur les possesseurs de la Marque Noire ! Après la tempête, Antoine retrouvera-t-il tous ses amis vivants ? Vous le saurez en vous reportant à la page 150 de votre livre.

1 *Typhon* cyclone des mers de Chine et de l'océan Indien. 2. *Chablis*: bois abattu par le vent. 3. *Caye* : bas-fonds de sable, de coraux ou de madrépores au large de la côte des Indes Occidentales et dans les grandes Antilles. 4. «*fiat lux*» : littéralement «que la lumière soit !»

LEÇON 6

Accord du participe passé employé avec les auxiliaires *être* et *avoir*[1]

Le participe passé employé comme adjectif

- Faire :
– repérer l'auxiliaire servant à construire le participe passé ;
– épeler la terminaison de chaque participe passé ;
– transformer les exemples donnés en remplaçant : (1) *pommes* par *marrons*, (2 et 4) *il* par *elle* ou l'inverse, (3 et 4) *voiture* par *véhicule*, (5) *côtes* par *bords*.

EXEMPLES

1. Les pommes sont tomb**ées** de l'arbre.
2. Il est parti ce matin.
3. La voiture qu'il a répar**ée** est encore en panne.
4. Elle a répar**é** sa voiture elle-même.
5. Les personnes appel**ées** doivent se présenter au guichet.

RÈGLES

- **Le participe passé employé avec l'auxiliaire *être* s'accorde en genre et en nombre avec le sujet du verbe** (ex. 1 et 2).
- **Le participe passé employé avec l'auxiliaire *avoir* s'accorde en genre et en nombre avec le complément d'objet direct si celui-ci est placé avant le verbe. Il ne s'accorde jamais avec le sujet** (ex. 3 et 4).
- **Le participe passé employé comme adjectif s'accorde en genre et en nombre avec le nom auquel il se rapporte** (ex. 5).

1. Le cas de l'accord du participe passé employé dans un verbe à la forme pronominale sera traité ultérieurement (cf. page 84).

RÉSUMÉ

Les compagnons explorent les moindres recoins de la caye et trouvent enfin une caverne habitable. Grande est leur surprise quand ils sentent sous leurs pieds de multiples cailloux qui sont en fait des pierres précieuses. Un véritable trésor leur est donné. A force de travail, l'équipe a pu mettre à la vague «une nef bizarre»; l'heure du départ approche. L'un des compagnons reste sur l'île maintenant apprivoisée, les autres embarquent. Au cours de la navigation, ils croisent une épave à laquelle ils arrachent une jeune femme évanouie, Soledad. Elle leur raconte les circonstances du naufrage de la Portuguesa, *dont elle est la seule rescapée. Nos compères décident de se faire passer pour des gentilshommes naufragés auprès des autorités de Cumaña, leur destination. Antoine est ému par les grâces de Soledad qui lui doit la vie.*

- Faire :
  - lire la dictée une fois ;
  - repérer les participes passés et les auxiliaires avec lesquels ils sont construits ;
  - repérer les participes passés employés comme adjectifs ;
  - apprendre les mots en gras.
- Dicter la ponctuation.
- Épeler les noms propres.

DICTÉE (d'après R. Margerit, *L'Ile des perroquets)*

Innocent, j'avais menti en inventant les **détails** des fautes que je n'avais pas commises. Coupable cette fois – combien coupable !– je mentis en taisant la plus profonde horreur de mes crimes véritables. J'avouai ma vie de réprouvé, ma naissance, mon malheur, mon évasion, mes compagnons, l'origine de notre richesse. J'avouai que j'avais tué, que par mes mains l'éternelle tombe mouvante avait roulé sur ses sables des squelettes blanchis. J'avouai le sang répandu. Mais je tus l'ivresse, la cruauté du carnage, l'ignoble ivresse de la vengeance, le **surhumain** délire de la cruauté...

Brusquement je me tournai vers Soledad.

«Comprenez-vous maintenant, doña Merques, pourquoi votre main ne peut être tenue par la mienne ?»

Soledad tenait sur ses yeux les fleurs qu'elle avait cueillies tout à l'heure. La voiture roulait lentement ; je l'avais suivie, balancé par le mouvement de mon cheval.

Les mains de Soledad avaient descendu et avaient découvert ses yeux remplis de larmes. Un instant, elle avait pressé sur son visage la grappe de **jasmin** ; puis, d'un geste vif et doux à la fois, elle l'avait portée contre sa bouche.

Que va-t-il maintenant se passer entre Antoine et Soledad ? Dépêchez-vous de faire les deux premiers exercices, le troisième raconte la suite de leurs aventures...

LEÇON **7** *Ou/où ; si/s'il/s'y ; près de/prêt à*

• Faire observer dans les exemples suivants les différences d'emploi, de sens et d'orthographe entre les homonymes *ou, où ; si, s'y, s'il ; près de, prêt à.*

EXEMPLES

1. Irons-nous au cinéma **ou** au théâtre, demain soir ?
2. Je ne sais absolument pas **où** il compte nous inviter.
3. **Si** nous allons au théâtre, je crois qu'il peut s'y rendre par ses propres moyens.
4. a) Par contre **s'il** choisit le cinéma b) je suis tout **prêt à** aller le chercher c) parce que c'est **près de** mon bureau.

RÈGLES

• **Ou et où**

Ou s'écrit sans accent quand on peut le remplacer par ***ou bien***. C'est une conjonction de coordination (ex. 1).

Où s'écrit avec un accent quand on peut le remplacer par «**l'endroit où**», «**là où**». C'est un adverbe ou un pronom relatif.

• **Si, s'il et s'y**

Si s'écrit en un seul mot quand on peut le remplacer par «**au cas où**», «**à la condition que**» et quand il n'est pas suivi du pronom personnel de troisième personne ***il***.

Quand ***si*** est suivi de ***il***, les deux ***i*** fusionnent pour faciliter la prononciation et la conjonction de subordination se réduit à un ***s*** suivi d'une apostrophe (ex. 4a).

On écrit ***s'y*** quand on peut remplacer l'expression par «**à cet endroit**» (ex. 3 : *s'y rendre*).

• **Près de** (inv.) **et prêt à** (var.)

Près s'écrit avec un accent grave et un ***s*** final quand il signifie «**proche de**». Il est toujours suivi de ***de***.

Prêt s'écrit avec un accent circonflexe et un ***t*** final quand on peut le remplacer par des expressions comme «**décidé à**», «**disposé à**», «**d'accord pour**». Il est toujours suivi de ***à***.

Dans tous les cas il suffira de tenter de mettre le terme au féminin (*prête*) pour décider de la terminaison en ***s*** ou en ***t***.

RÉSUMÉ

De multiples aventures vont encore bouleverser la vie de nos héros. Le capitaine Flint a fait halte lui aussi à Cumaña ; Brice retrouve donc son ennemi, son rival et son étrange et dangereuse passion. Antoine aspire à un bonheur calme auprès de Soledad mais les intrigues politiques et financières lui permettront-elles de savourer les délices d'une vie sereine ? Pour l'instant laissons-le parler de la mer...

- Faire :
  – lire le texte une fois par l'élève avant de le lui dicter ;
  – repérer tous les emplois des formes étudiées dans la leçon ;
  – apprendre les mots en gras.
- Dicter la ponctuation.

DICTÉE (d'après R. Margerit, *L'Île des perroquets*)

Les séparations sont des choses difficiles mais il fallait s'y résoudre si nous voulions vivre notre vie.

Au moment où j'allais leur dire adieu, plus près d'eux à cause de cette prochaine séparation, j'ai **vraiment** aimé la mer et le navire si souple lorsqu'il est prêt à s'incliner sur l'une ou l'autre de ses hanches avec des mouvements d'oiseau qui souffre, se plaint ou traduit son allégresse par celle de ses élans. J'ai aimé la mer non seulement dans l'infini de ses horizons, mais dans la matière dense et transparente où se creuse la **concavité**[1] de ses vagues, dans la matière légère, poreuse, solide ou instable dont se fait le clair **lacis**[2] de ses **mailles**, dans le détail des mouvements qui composent son immobilité sous sa couronne d'écume qui se détruit ou se recrée sans cesse.

Cette réalité magnifique m'avait longtemps entouré sans que j'en **comprisse** le sens, et maintenant il m'avait suffi d'aimer pour le pénétrer. S'il m'avait fallu résumer tout ce que j'éprouvais alors **j'eusse dit** que c'est le cœur qui comprend, non l'esprit.

Si vous voulez écouter Antoine poursuivre ses réflexions, reportez-vous page 277.

1. *Concavité* : qui présente une forme sphérique en creux ; cavité. 2. *Lacis* : entrelacement, labyrinthe.

LEÇON **8** # Révisions

- La dictée que nous vous proposons ici va permettre à l'élève de récapituler les connaissances acquises au cours des sept leçons précédentes, à savoir: les accents, les désinences du présent de l'indicatif, les adjectifs numéraux, *leur* et *leurs*, les désinences de l'imparfait et du passé simple, l'accord du participe passé, *ou* et *où* ; *si, s'il* et *s'y* ; *près de* et *prêt à*.

Dans la mesure du possible nous avons voulu réemployer les mots qui figuraient en gras dans les dictées précédentes.

- Il est vivement conseillé de faire réviser règles et mots avant d'aborder la dictée qui ne doit pas être lue préalablement par l'élève.

DICTÉE

Leur capitaine était vraiment un solide gaillard, un pirate doublé d'un bourreau haï de tous. Tout le contraire du nôtre qui est l'honnêteté faite homme, la tranquillité même et que chacun ici aime comme son père.

Il faut dire que leur navire jaugeait trois cents tonneaux et qu'il ne comptait pas moins de quatre-vingts hommes d'équipage, la plupart de véritables gibiers de potence. L'ordre devait régner et il régna tout le temps que le capitaine fut vivant.

Si un marin était convaincu d'avoir enfreint le règlement, il était attaché au grand mât par une solide courroie et le capitaine le châtiait lui-même de trois cents coups de fouet. Il ne faisait pas de détail. Quelle qu'ait été la faute, c'était toujours le même tarif. Le tonnerre pouvait tonner, un typhon s'abattre sur le pont avec grand fracas ou un navire ennemi les canonner, il n'acceptait aucune trêve et fouettait son content de coups. Vous pouvez être sûr que rares étaient ceux qui avaient envie de recommencer l'expérience après un tel traitement.

Les phrases suivantes vous permettront de remplir la grille de mots croisés. Mais attention aux fautes ! Révisez bien vos règles !

a) Horizontalement

1 - Je suis (*ravir*) . . . . de vous rencontrer. - La vie est un dur combat où il faut toujours (*lutter*) . . . .

2 - La robe que j'ai achet . . est trop grande. - Ce n'est pas celle que j'avais (*voir*) v . . . . - Qu'est-ce que tu (*avoir*) . . ?

3 - Il me (*prévenir*) . . . . hier soir seulement qu'il ne pouvait pas venir. - Il ne (*pouvoir*) . . . pas me joindre.

4 - Voulez-vous celle-ci . . celle-là ?

5 - Catherine est pein . . de ne pouvoir venir mais elle est (*aller*) . . . . . voir ses parents.

6 - Bien qu'il (*conclure*) . . . . de façon époustouflante, il ne sera pas vainqueur.

7 - J'étais pourtant (*près* ou *prêt*) . . . . à signer mais ils (*avoir*) . . . changé les termes du contrat.

8 - Il accepte nos conditions ; reste à savoir . . vous les maintenez.

9 - Il (*défaillir*) . . . . au moment crucial.

10 - Tu . . drôle. Elle s'est (*taire*) . . . aussitôt que j' . . . commencé à parler.

b) Verticalement

1 - Je suis originaire . . la Creuse.

2 - Elle a bien mangé, elle est (*repaître*) . . . . Moi je suis (*près* ou *prêt*) . . . . de l'indigestion.

4 - Je ne sais pas quelle est la pièce de théâtre qu'il a (*voir*) . . . .

5 - Il parle toujours au spectacle. Il ne se (*taire*) . . . . jamais.

6 - Vingt (*1 000*) . . . . . soldats nettoient les plages de Bretagne. C'est ce que j'ai (*lire*) . . dans le journal.

7 - Il prend son journal et . . lit.

8 - Il (*lire*) . . . quelques lignes et s'endormit. - Je ne sais pas . . cela lui plairait.

9 - C'est un fait . . . . (terminaison du verbe *entendre* employé comme adjectif). - Chaque année cette region (*recevoir*) . . . . . . beaucoup de touristes.

10 - La presse s'est (*taire*) . . . sur les circonstances de la catastrophe. - Je ne sais pas si (pronom indéfini)... a le droit d'approcher des côtes.

11 - Je ne crois pas que la baignade soit interdi. . . - Rien que sur cette portion de plage ils sont deux (*100*) . . . . . à nettoyer.

13 - Faut-il que nous les (*rappeler*) . . . . ?

14 - Elle n'a pas (*savoir*) . . . me répondre.

15 - J'ai déjà bien assez de problèmes comme cela pour ne pas devoir m'occuper des . . . . . . (pronom possessif).

LEÇON 9

Le son [s]; la cédille

Faire :
– repérer toutes les façons dont peut s'écrire le son [s] de *sel* ;
– remarquer la différence de prononciation du *s* écrit seul ou redoublé entre deux voyelles.

EXEMPLES

sel	cil	rosse	rose
insister	médecin	poisson	poison
éclipse	abcès	dessert	désert
stylo	scie	coussin	cousin
myosotis	six	forçat	démocratie
succéder	tradition	pollution	solution

RÈGLES

- **Entre deux voyelles la lettre *s* se prononce *z*** (ex. : *maison, poison*) **sauf lorsque le préfixe est distinct du radical du mot commençant par *s*** (ex. : *para/sol, tourne/sol, vrai/semblable*).
- ***s* précédé d'une consonne se prononce [s] sauf** dans *subsister. Alsace, Jersey, balsamine, transi.*
- ***s* en finale se prononce dans les mots d'origine étrangère ou savante** (ex. : *iris, tennis, volubilis...*).
- **Dans la graphie *c* + *e* ou *c* + *i*, le *c* se prononce** [s] (ex. : *cil, force...*).
- **Pour donner le son [s], le *c* prend une cédille devant *a, o, u*** (ex. : *forçat, garçon, reçu*).
- **Les mots d'origine savante terminés par *-tie, -tier, -tiel, -tial, -tion, -tieux* se prononcent [s]** (ex. : *démocratie, initier, partiel, abbatial, condition, prétentieux*).

LA MAISON DU CANAL
de Georges SIMENON (voir p. 5)

RÉSUMÉ

Edmée, en habits de deuil, quitte Bruxelles au petit matin. Orpheline, elle vivra désormais à la campagne chez des cousins qu'elle ne connaît pas. Elle arrive à Neroeteren où elle est accueillie par Jef, un jeune garçon, qui la mène en charrette vers sa nouvelle demeure.

- Faire :
  - lire le texte par l'élève avant de le lui dicter ;
  - bien observer comment s'écrivent les mots comportant les sons [s] et [z] ;
  - apprendre les mots en gras.
- Épeler *Edmée* et *Jef*.
- Ne dicter que les points et les passages à la ligne ; laisser une pause là où se trouvent les signes de ponctuation.

DICTÉE

Une fois, un **cahot**[1] de la voiture fit tomber Edmée sur l'épaule de son cousin et elle se redressa d'un mouvement angoissé.

«C'est là-bas !»

Dans la plaine, parmi les rectangles de peupliers, pointait une toute petite lumière. C'était à une fenêtre de l'étage. En approchant, on devina des ombres derrière les rideaux. La voiture s'arrêta en grinçant devant une porte.

«Je vais vous conduire. On entre toujours par la **cour**.»

Et laissant le cheval se diriger seul vers les écuries, Jef s'engagea dans un chemin, le long d'une haie qui égratigna Edmée au passage. Elle ne voyait plus rien. C'est à peine si elle distingua, comme il ouvrait une porte, une lueur **rougeâtre**. Au même instant une femme maigre et sèche, folle d'agitation, se jeta sur elle, la serra dans ses bras, la mouilla de ses larmes en criant des phrases flamandes.

G. Simenon, *La Maison du canal*, p. 11.

Pourquoi ces larmes ? L'accueil étrange de cette famille flamande réserve-t-il des surprises à Edmée ? Pour le savoir, vous pouvez vous reporter à la page 11 de La Maison du canal, *de G. Simenon (éd* Presses Pocket *n° 1335).*

1. Ne pas confondre :
   - *Cahot* (n.m., saut que fait une voiture en roulant sur un terrain inégal) ;
   - *Chaos* (n.m., vide ou confusion existant avant la Création ; confusion, désordre complet) ;
   - *K.O.* (abréviation de *knock-out* : mise hors de combat du boxeur).

LEÇON 10 *on* et *on n'*

- Dicter les exemples qui suivent pour apprécier les connaissances de l'élève ;
- Faire remarquer que le *ne* (ou *n'*) de la négation est toujours en corrélation avec un autre terme de la phrase (*ne ... pas* ; *ne ... guère*, etc.) ;
- Remplacer le *on* par *nous* dans chaque exemple

EXEMPLES

1. **On** a tout ce qu'il faut.
2. **On n'**obtient rien sans mal.
3. **On** a peu de leçons à apprendre.
4. **On n'**a guère de leçons à apprendre.
5. **On n'**en est pas maître quoi qu'**on** en ait dit.

RÈGLES

On distingue mal à l'oreille la différence entre ***on*** (pronom sujet) et ***on n'*** (pronom + 1er terme élidé de la négation) quand le verbe qui suit commence par une voyelle. **Le sens ne permet pas toujours de se décider facilement** (comparez les ex. 3 et 4). **Aussi, le plus simple, lorsque le verbe commence par une voyelle, est de supprimer l'homophonie en remplaçant** ***on*** **par** ***il*** **ou par** ***nous*****. Si, une fois la substitution faite, le son** ***n*** **subsiste pour l'oreille, on doit l'inscrire** (ex. 2 → Nous *n'*obtenons rien sans mal).

RÉSUMÉ

L'oncle meurt accidentellement ; l'atmosphère est pesante dans cette maison isolée où les nombreux cousins d'Edmée s'expriment plus volontiers en flamand qu'en français. Edmée cherche la solitude car elle se sent tout à fait étrangère à son nouveau milieu. Elle fait néanmoins la connaissance de l'oncle Louis qui semble comprendre son désarroi. Nous retrouvons ici Edmée, après la cérémonie funèbre.

- Faire :
  - lire le texte par l'élève avant de le lui dicter ;
  - substituer le pronom ***nous*** chaque fois que le pronom ***on*** est employé dans une phrase ;
  - apprendre les mots en gras.
- Dicter la ponctuation.
- Épeler *Edmée* et *Fred.*

DICTÉE

Une surprise attendait Edmée. Ses bagages étaient arrivés. Ce n'étaient pas des bagages à proprement parler, mais des choses **hétéroclites**[1] qu'on avait décidé de garder après la mort de son père, tandis que le reste, sur les conseils du tuteur[2], était envoyé à la salle des ventes.

On mangea d'abord. Le soir, c'était toujours le même menu : de la soupe, des pommes de terre arrosées d'une sauce au petit-lait qui, dès six heures, emplissait la maison de son odeur sure. Ce fut Fred qui alluma la lampe du salon où on avait déposé caisses et malles.

«Je vais te donner un coup de main», dit-il.

Les autres s'étaient déjà **débarrassés** de leurs vêtements neufs, mais lui gardait son pantalon noir, sa chemise **empesée**, son col à pointes cassées. Quand la première caisse fut ouverte, tout le monde fut autour, même la tante, même Mia qui **affectait**[3] de se tenir loin de Fred.

Les objets **empilés** à Bruxelles, dans la maison en désordre, **émergeaient** tour à tour, mais dans une atmosphère si différente qu'ils prenaient un autre visage.

G. Simenon, *La Maison du canal*, p. 25.

---

1. ***Hétéroclite*** : se dit d'un ensemble d'objets ou d'êtres très différents de nature. 2. ***Tuteur*** : personne qui a la charge d'éduquer ou de gérer les biens d'un mineur ou d'un orphelin. 3. ***Affecter de*** : faire semblant.

LEÇON 11

Le subjonctif

● Faire :
– repérer dans les exemples les verbes au subjonctif et dire à quel temps ils sont employés (présent, imparfait, passé, plus-que-parfait) ;
– rechercher pour les verbes la forme correspondante de l'indicatif (même si la prononciation est la même, la graphie peut être différente).

EXEMPLES

1. Qu'il **fuie** ou qu'il reste, ils le rattraperont de toute façon.
2. Je souhaite qu'il **ait** pensé à l'inviter.
3. Pour que nous soyons remboursés, il aurait fallu que notre père **eût souscrit** une assurance.
4. Je craignais qu'il ne **vînt** pas ou qu'il **s'égarât**.
5. Il est nécessaire qu'il **fasse** le trajet et qu'il **voie** la maison.

RÈGLES

Règles de formation

● **Au subjonctif présent tous les verbes (sauf *être* et *avoir*) ont les mêmes terminaisons : *-e, -es, -e, -ions, -iez, -ent*.** (ex. 1).

Exceptions :

Etre (subj. prés.)		**Avoir** (subj. prés.)	
Je sois	**nous soyons**	**j'aie**	**nous ayons**
tu sois	**vous soyez**	**tu aies**	**vous ayez**
il soit	**ils soient**	**il ait**	**ils aient**

Pour les verbes dont l'ind. prés. et le subj. prés. se prononcent de la même manière et s'écrivent de façon différente (ex. : *mourir, rire...*), observer le sens et substituer mentalement un verbe dont les deux formes sont distinctes à l'oreille (*prendre, savoir...*).

● **Le subjonctif imparfait est abordé à la leçon 14, p. 38. Étudier également cette leçon avant de faire la dictée.**

● **Le subjonctif passé** se compose à partir du subj. présent de l'auxiliaire (*avoir* pour les verbes transitifs) et du part. passé du verbe conjugué (ex. 2).

● **Le subjonctif plus-que-parfait** se compose à partir du subj. imparf. de l'auxiliaire et du part. passé du verbe conjugué (ex. 3, dernier verbe).

Règles d'utilisation

On trouve le subjonctif dans beaucoup de subordonnées complétives, en particulier après *il faut, vouloir, souhaiter, craindre, douter,* etc.

On trouve également le subjonctif dans des propositions circonstancielles, en particulier celles qui sont introduites par les conjonctions suivantes :

Temps	But	Cause	Opposition et concession	Manière
avant que en attendant que jusqu'à ce que sans attendre que	pour que afin que de peur que de crainte que	non que	quoique bien que au lieu que etc.	sans que

RÉSUMÉ

Le froid, la brume, la rudesse des mœurs de ces campagnards répugnent à Edmée. Seul Jef, bien que peu bavard, témoigne quelque intérêt à la jeune citadine. Tous deux deviennent complices, et vont ensemble à la chasse à l'écureuil, mais ils ont des relations étranges et échangent des propos acides. Edmée, par exemple, accuse Fred d'appartenir à une famille de dégénérés (p. 44).

- Faire :
– lire le texte une fois à l'élève avant de le lui dicter ;
– repérer les verbes au subjonctif, en préciser le temps, en épeler la désinence ; justifier l'emploi de ce mode.

DICTÉE

Les nerfs tendus, elle parlait pour elle, pas pour lui, mais elle n'était pas fâchée que quelqu'un l'entendît. D'ailleurs, elle pensait ce qu'elle disait. Elle avait remarqué que, chez ses cousins et cousines, la moindre plaie, la plus petite égratignure mettait des semaines à guérir. Eh bien, elle, malgré sa pâleur, son **anémie**, guérissait beaucoup plus vite. Et elle n'avait pas un bouton, pas une **irrégularité** de la peau ! Chez eux, tout était irrégulier. Pas un nez qui partît droit, avec des narines égales, même chez les petites filles. L'avant-dernière louchait légèrement et les cheveux eux-mêmes, chez tous, poussaient de travers.

«Ne dis jamais ça à maman ni à Fred !...» **grommela** Jef au moment d'arriver à la maison. Il fit le tour pour entrer dans la cour et, sans **dételer**, attacha le cheval à la porte de l'écurie.

«Ils seront furieux.

– Viens allumer du feu.»

Et Edmée entra dans le **réduit** qu'elle appelait leur **hutte**, posa l'écureuil sur le sol. Elle était lasse, profondément, comme si la fatigue eût résidé dans ses os et en même temps elle se sentait capable de tenir tête à tout le monde.

G. Simenon, *La Maison du canal*, p. 44.

LEÇON 12 Pluriel des noms composés

● Faire observer l'orthographe des noms composés proposés dans les exemples en s'interrogeant sur la nature des termes (nom, adjectif, verbe, etc.) qui entrent dans leur composition.

EXEMPLES

1. les portes-fenêtres
2. les coffres-forts
3. les basses-cours
4. les on-dit
5. les chefs-d'œuvre
6. les passe-partout

RÈGLES

Les noms composés sont reliés par un trait d'union. Seuls les noms et les adjectifs, entrant dans la formation d'un mot composé, peuvent prendre la marque du pluriel. Jamais les verbes ni les noms invariables ne s'accordent.

Tableau des accords suivant la formation des mots composés

des choux-fleurs	Nom + Nom : les deux éléments varient en général.
des coffres-forts des basses-cours	Nom + Adjectif ou Adjectif + Nom : les deux éléments varient en général.
des cure-dents des gratte-ciel	Verbe + Nom : le second élément varie selon le sens.
des mi-temps des haut-parleurs	Préposition / Adverbe > + Nom : le second élément varie en général.
des passe-partout	Verbe + Mot invariable : aucun élément ne varie.
des chefs-d'œuvre[1]	Nom + Préposition + Nom : le premier nom varie.

Il convient cependant de toujours s'interroger sur le sens des éléments du nom composé avant de les mettre au pluriel et au besoin de vérifier dans le dictionnaire. (ex. : *des arcs-en-ciel, des pur-sang, des garde-fous, des gardes-malades, des pot-au-feu).*

1. Les noms composés de cette formation ne comportent pas toujours de trait d'union.

RÉSUMÉ

Edmée rêve d'un homme capable d'accomplir des actions extraordinaires. Elle a poussé Jef à tuer des écureuils mais cela ne lui suffit plus. Tourmentée, satanique, elle souhaite l'engager dans des entreprises plus dangereuses où il risquerait sa tête.

- Faire :
  – lire une fois le texte par l'élève avant de le lui dicter ;
  – relever le nom composé en donnant la nature de chacun des éléments ;
  – apprendre les mots en gras.
- Ne dicter que les points, guillemets et tirets.

DICTÉE

Quand le cheval s'était **emballé** et s'était élancé seul à travers la campagne, Jef était parti avec une petite baguette. On les avait vus très loin l'un de l'autre. Ils avaient disparu à l'horizon, derrière l'épais rideau de pluie. Puis, trois heures après, Jef était revenu, sur le cheval, sans selle, sans étriers, **dodelinant** sa grosse tête, ses pieds chaussés de sabots serrant les flancs de la bête.

«Si je te disais de voler...»

Elle était soûle[1] comme chaque fois qu'elle venait dans le réduit, soûle de chaleur, soûle de fixer les flammes qui dansaient, de respirer l'odeur de sapin et de manger des pommes de terre brûlantes. Sa petite poitrine haletait. Ses narines se pinçaient.

«Je suis sûre que tu n'oserais pas voler les pierres violettes du **calice** !»

En disant cela, elle se figurait Jef, la nuit, rampant sur le toit de l'église, pénétrant par quelque ouverture et se dirigeant à tâtons à travers les chaises de paille et les prie-Dieu qui faisaient du bruit sur les dalles. Elle en avait mal aux nerfs et c'était délicieux. Avec son gros couteau, il ferait jaillir les pierres des griffes d'or qui les retenaient...

G. Simenon, *La Maison du canal*, p. 58.

Jef se laissera-t-il tenter par les suggestions diaboliques d'Edmée ? Ira-t-il voler les pierres précieuses ? Si vous voulez le savoir, ouvrez votre livre à la page 58.

1. *Soûle* s'écrit également *saoule*.

LEÇON

13 Les mots terminés par le son [i]

- Faire :
– repérer dans les exemples les mots terminés par le son [i] .
– comparer, dans chaque exemple, l'orthographe du substantif et celle du participe passé du verbe auquel il correspond.

EXEMPLES

1. Le repris de justice roulait sans permis de conduire.
2. Sans contredit, on peut affirmer que le vieillard vivait dans un réduit.
3. Dans ton logis as-tu de quoi faire un hachis ?
4. Le récit de Jean commençait par un cri poussé dans un taillis.
5. La sortie de secours était masquée par une armoire.
6. Cela n'a pas de prix.

RÈGLES

- **Les noms masculins terminés par le son [i] peuvent s'orthographier *-i, -is, -it, -ix* ou *-ie*. Ils sont souvent issus de participes passés employés comme substantifs** ; pour les distinguer, il faut savoir que :

1) Les noms en [i] issus de verbes du 2e ou du 3e groupe prennent toujours la forme du participe passé du verbe (ex. : v. *garnir*, participe passé : *garni* ; v. *compromettre*, participe passé : *compromis* ; v. *produire*, participe passé : *produit*.)

2) Les noms en [i] issus de verbes du 1er groupe sont formés du radical du verbe et du suffixe *-is* (ex. : v. *hacher* – un *hach-is* ; v. *ramasser* – un *ramass-is*), sauf pour les verbes en *-ier, -iller, -uyer, -iser, -iter*. Dans ce cas, le nom est formé à partir du radical du verbe (ex. : un *cri* ; un *récit* ; un *appui*...).

Exceptions à ces règles : un *favori*, un *vernis*, un *abattis*, un *abri*.

- **Les noms féminins terminés par le son [i] s'orthographient en *ie*** (ex. : une *sortie*, une *péripétie*, une *encyclopédie*...), sauf *souris, brebis, perdrix, fourmi, nuit*.

RÉSUMÉ

Jef ne cesse d'accomplir des larcins pour satisfaire sa cousine. La vie à la campagne s'écoule selon un rite immuable; la tante est silencieuse, les cousines ne comprennent pas Edmée, Fred la dédaigne. L'atmosphère est de plus en plus étouffante. Un accident brise la torpeur de la maisonnée. Sur le canal une péniche a chaviré, il faut achever les chevaux. Les gendarmes enquêtent, la maison vibre de présences inhabituelles. Edmée, fascinée par le spectacle du malheur, ne sent pas le froid qui mord son corps tout entier. Fred découvre alors la personnalité étrange de sa jeune cousine mais celle-ci le repousse et part à la recherche de Jef.

- Faire :
  - lire le texte une fois par l'élève avant de le lui dicter ;
  - apprendre les mots en gras.

DICTÉE

La tante et Edmée ne pouvaient rien se dire. Les petites non plus, car elles n'avaient pas encore appris le français. Elles se sourirent, d'un sourire qui voulait être affectueux, et Edmée **erra** dans les cours.

Le valet qui **pansait** le cheval ne parlait que le flamand, mais quand il vit Edmée ouvrir toutes les portes en cherchant quelqu'un il siffla et, de son **étri**[1] désigna le dernier bâtiment.

Elle n'y avait jamais mis les pieds. C'était la forge où l'on ferrait les chevaux. On s'en servait si rarement que la double porte était toujours fermée. Or, ce dimanche-là, un filet de fumée s'étirait au-dessus de la cheminée.

Edmée entra, entendit de menus bruits comme si un homme surpris eût tenté de se cacher. Quand elle eut contourné un **pan** de mur, elle aperçut Jef qui perdait contenance.

«Que fais-tu ici ?»

C'était la première fois qu'ils étaient vraiment seuls depuis le vol des pierres. Jef hésitait à la regarder et elle, de son côté, fit le tour de la forge dont le feu était allumé.

G. Simenon, *La Maison du canal*, p. 91-92.

1. *Étri* : courroie qui servait d'étrier.

LEÇON 14 Le subjonctif imparfait et le passé simple de l'indicatif

- Faire :
– repérer les verbes au passé simple et ceux au subjonctif, justifier l'emploi de ce mode (se reporter, au besoin, à la leçon sur le subjonctif p. 32) ;
– observer la différence d'orthographe pour chacun des modes.

EXEMPLES

1. Je **vins** à huit heures.
2. Il **chanta** les Lieder de Schubert alors que le public souhaitait qu'il **chantât** un air de Rossini.
3. Il faut que tu **finisses** ton travail.

RÈGLES

- **Il existe quatre types de désinences pour le passé simple :**

-ai	-is	-us	-ins
-as	-is	-us	-ins
-a	-it	-ut	-int
-âmes	-îmes	-ûmes	-înmes
-âtes	-îtes	-ûtes	-întes
-èrent	-irent	-urent	-inrent
ex. : *aimer*	ex. : *prendre*	ex. : *connaître*	*venir* et *tenir*

Certains verbes dont la conjugaison est irrégulière n'ont pas de passé simple ; ce sont : *absoudre, clore, gésir, traire, paître.*

- **L'imparfait du subjonctif et le passé simple de l'indicatif présentent des similitudes phonétiques à la 3ᵉ personne du singulier, mais ils s'écrivent de façon différente.**

- **Les formes du subj. imparf. sont archaïques sauf la 3ᵉ pers. du sing.** qui se prononce comme la 3ᵉ pers. du sing. du passé simple, mais s'écrit différemment (ex. : 2).

Désinences du subj. imp. (la voyelle est la même que celle du passé simple)

ex. : *manger*		ex. : *prendre*		ex. : *vouloir*		*tenir* et *venir*	
-asse	-assions	-isse	-issions	-usse	-ussions	-insse	-inssions
-asses	-assiez	-isses	-issiez	-usses	-ussiez	-insses	-inssiez
-ât	-assent	**-ît**	-issent	**-ût**	-ussent	**-înt**	-inssent

RÉSUMÉ

Edmée souffre de bronchite mais semble se complaire dans sa maladie. La fièvre lui procure des sensations étranges et c'est avec une certaine délectation qu'elle profite de son état nauséeux pour s'isoler du reste de la famille. De sa chambre elle épie chaque bruit et l'interprète à sa façon...

- Faire :
  – lire le texte une fois par l'élève avant de le lui dicter ;
  – apprendre les mots en gras.
- Ne dicter que les points.

DICTÉE

Quant à[1] Fred, elle savait où il était. Enfermé dans le bureau où, bien qu'il ne fût que trois heures, il avait dû allumer la lampe, il faisait des comptes pour sa déclaration de revenus. Son regard, à lui, n'avait rien de mystérieux et pourtant c'était Fred qu'Edmée évoquait le plus souvent dans ses **cauchemars**, un Fred encore plus dru de chair, plus suant de santé. L'**asymétrie** de son visage s'accusait, ses yeux saillaient et il souriait de ce sourire mouillé, à la fois honteux et **fat**, qu'il affichait quand il rencontrait Edmée dans un corridor.

Cela n'avait pas échappé à Mia.

«On dirait que Fred est amoureux de toi !»

Amoureux ! Est-ce que Mia ne savait pas aussi bien qu'Edmée ce que cela voulait dire ? N'avait-elle pas vu les blêmes photos dans les poches de son frère ? Ignorait-elle qu'il était incapable de passer une semaine sans aller à Hasselt ?

Eh bien, cette semaine, il n'y était pas allé ! Il perdait son temps à se mettre sur le chemin d'Edmée et à chercher des moyens de l'attirer dans le bureau. Une fois il put, au passage, lui mettre la main sur la poitrine, juste sur le sein droit, et il parut étonné qu'elle ne fût pas tout à fait plate.

G. Simenon, *La Maison du canal*, p. 99.

1. *Quand* s'écrit avec un *d* quand il signifie *lorsque* ; dans la locution *quant à* (= *en ce qui concerne*), il prend un *t*. Se reporter, au besoin, à la leçon 31.

LEÇON 15 Les préfixes *in-*, *en-*, *a- acc- aff- app-*

EXEMPLES

• Faire repérer les différents préfixes utilisés dans les exemples suivants et tâcher d'en préciser le sens.

1. Le contrôleur était **inapte** à comprendre ma situation.
2. Il avait **emporté** ma carte d'identité.
3. Peu m'**importait**.
4. Je m'**abstenais** de commentaire.
5. J'**acceptais** l'**absurdité** de son geste.

RÈGLES

Le préfixe est un élément qui se soude au radical d'un mot et qui en modifie le sens. Quand la consonne finale du préfixe est en contact avec une consonne du radical, il y a redoublement de cette consonne. (ex. : **in**-nombrable, **en**-neiger, ...).

Redoublent généralement la consonne :

• **les mots commençant en *acc-*** (ex. : *acc*ident, *acc*lamer, *acc*abler),
SAUF
– les mots dont le *c* se prononce [s] (ex. : *acide, acier*);
– les mots suivants, parmi ceux dont le *c* est encadré par deux voyelles : *acabit, acacia, académie, acajou, acanthe, acariâtre, acolyte, acoquiner, acompte, acoustique* ;
– les mots suivants, parmi ceux dont le *c* est suivi par une consonne : *acné*, les mots en *acqu-* (ex. : *acquérir*), *âcre, acrobate, acropole*, les mots en *act-* (ex. : *actif, actuel*), *acuité* et *acupuncture*.

• **les mots commençant par *aff-*** (ex. : *affirmer, affranchir, affronter*) **SAUF** : *afin, Afrique, africain* ;

• **les mots commençant par *app-*** (ex. : *apparaître, appartenir, apprendre ; appartement*) ;

SAUF

– les verbes : *apaiser, apercevoir, apeurer, apitoyer, aplanir, aplatir* ;

– les noms : *apache, apanage, apathie, apéritif, apiculture, aplomb, apocalypse, apogée, apologue, apostolat, apôtre* et les mots appartenant à la famille des verbes n'ayant qu'un seul *p*.

RÉSUMÉ

Edmée provoque ses cousins. Elle sort à la tombée de la nuit sous une pluie pénétrante. Fred la suit silencieusement vers le bois.

- Faire :
  – lire le texte une fois par l'élève avant de le lui dicter ;
  – relever les préfixes les plus employés dans le texte ;
  – apprendre les mots en gras.
- Ne dicter que les points et les passages à la ligne ; laisser une pause là où il y a des virgules.

DICTÉE

Edmée entra dans le bois sans se retourner. Elle eut un frisson au moment de s'engager dans l'ombre des arbres, mais, les nerfs tendus, elle marcha jusqu'aux branches coupées qui formaient des tas réguliers.

Il faisait presque sec. La pluie ne traversait pas le **dôme** noir des sapins, sinon par endroits où des gouttes d'eau tombaient une à une et formaient des petites mares parmi les aiguilles rousses.

Elle s'assit sur les bûches. Elle ne voulait pas tourner la tête vers la maison, car elle savait que Fred arrivait. De sa place, elle pouvait encore deviner plutôt qu'**apercevoir** la petite lueur de la chambre d'Alice.

Sous les sapins, les pas ne faisaient pas de bruit et soudain Edmée sentit que Fred approchait, qu'il était tout près d'elle, si près qu'il **éprouva** le besoin de parler pour la rassurer.

«Tu rêves à ton amoureux ?»

Elle se retourna brusquement, le regarda dans les yeux. Il était plus troublé que d'habitude et on eût dit qu'il avait passé lui aussi des heures à contempler les flammes. Il s'assit à côté d'elle. Elle recula. Il se rapprocha encore.

G. Simenon, *La Maison du canal*, p. 102.

LEÇON 16 Révisions

- La dictée que nous vous proposons ici va permettre à l'élève de récapituler les connaissances acquises au cours des sept leçons précédentes, à savoir : **le son [s]** ; ***on, on ne*** ; **le subjonctif imparfait et le passé simple de l'indicatif ; le pluriel des noms composés ; les mots en [i] ; les préfixes à redoublement de consonnes.** Dans la mesure du possible, nous avons voulu également réemployer les mots qui figuraient en gras dans les dictées précédentes.
- Il est vivement conseillé de faire réviser règles et mots avant d'aborder la dictée qui ne doit pas être lue préalablement par l'élève.
- On ne comptera, lors du bilan, que les fautes commises sur les règles ou mots appris.

DICTÉE

Malgré les cahots du chemin, ils avaient déjà parcouru trente kilomètres et Louis était très éprouvé. Comme tous les après-midi depuis une semaine il avait plu et ils avaient été contraints de se réfugier dans le réduit. Son père avait essayé de le consoler en lui vantant la splendeur de l'horizon rougeoyant sur lequel se détachaient des arcs-en-ciel grandioses, mais son esprit n'était guère porté à admirer de telles beautés. Tout en grommelant, il souhaitait que ce cauchemar prît fin et qu'on pût enfin manger des gaufres dans la cuisine.

L'humeur de son père était joyeuse : pour lui la marche à pied était le moyen de locomotion le plus pratique et le plus économique qu'il ait connu. On n'avait qu'à mettre un pied devant l'autre puis recommencer, disait-il en dodelinant de la tête. Louis n'était pas persuadé du tout de la facilité de la méthode et il aurait donné un empire pour se débarrasser de ses chaussures qui le faisaient tant souffrir, pour ne plus entendre les propos alertes de son père et se couler dans un lit douillet.

Un cheval emballé leur coupa la route. Louis était soûl (ou saoul) de fatigue et il s'apprêtait à s'écrouler quand derrière un taillis apparut un pan de mur : c'était la maison.

1) *En utilisant 1 lettre dans chacune des colonnes, vous retrouverez en A, 5 verbes commençant par* **ap-** *; en B, 5 verbes commençant par* **app-** *(1 même lettre peut servir plusieurs fois).*

A)

		I	T	S					
		A	A	C	I	E	O		
A	P	L	R	N	Y	V	R		R
		E	I	T	E	R		I	
				O					

Aplatir

B)

					Q	U				
			R	I	C	D	I	R	E	
A	P	P	L	O	N	O	E	S		R
				E	V	H	R	E		
				A	U					

Applaudire
Appliquer
Approcher

2) *Transcrivez ces phrases en les mettant au pluriel.*

1. Le cri perçant de la chouette déchira la nuit qui enveloppait les taillis.
les cris persants des chouettes déchirèrent la nuit qui enveloppait les taillis.
2. J'eus tout le déménagement à faire.
nous eumes tous le demenagement à faire
3. La terre inassouvie se gorgea du trop-plein de pluie.
les terres inassouvie se gorgèrent du trop-plein de pluie
4. Comment se fait-il que je n'aie encore rien reçu ?
Comment se fait il que nous n'ayons encore rien reçus

3) *En accolant des préfixes à chacun de ces verbes, vous formerez de nouveaux verbes (pour 1 verbe donné, 2 au minimum, 6 au maximum). A vous de jouer. La liste suivante nous a permis de trouver 38 verbes ; arriverez-vous à atteindre ce score, ou à le battre ?*

– **céder** , Acceder , décéder, précéder,
– **tester** , detester , Atester,
– **longer** delonger Allonger
– **tarder** , attarder,
– **clamer** , déclamer
– **poser** deposer,
– **mener**
– **placer** déplacer
– **porter** , déporter. importer
– **prendre** , reprendre , déprendre

LEÇON 17 *ces/ses ; ce/se ; c'est/s'est ; ça/sa ; ce sont/se sont*

• Faire repérer à l'élève, dans les exemples, les différences orthographiques entre les pronoms démonstratifs (*c', ça, ce*) et les pronoms réfléchis (*s', se*) ; l'adjectif démonstratif (*ces*) et l'adjectif possessif (*ses*).

EXEMPLES

1. **Ces** roses sont fanées.
2. Elle a attaché **ses** lacets.
3. **Ce** n'est qu'un insecte.
4. Il **se** plaît dans les cimetières.
5. C'est lui qui me l'a dit.
6. Elle s'est blessée à l'auriculaire.
7. Ne s'agit-il que de **ça** ?
8. a) Marc a prêté **sa** moto à Gilles ; b) **ça** le regarde.
9. a) Ce sont les cadets ; b) qui se sont le mieux défendus.

RÈGLES

• ***Ces, ses*** : pour différencier ***ces*, adjectif démonstratif** qui désigne **les choses ou les personnes que l'on montre** de ***ses*, adjectif possessif** qui renvoie à la **personne dont on parle**, il faut savoir que ***ces** + le mot qui l'accompagne* peuvent être remplacés par «**ceux-ci**» ou «**ceux-là**», «**celles-ci**» ou «**celles-là**» ; ***ses** + le mot qui l'accompagne* peuvent être remplacés par «**les siens**» ou «**les siennes**» (ex. 1 → *celles-ci*, que je te montre ; ex. 2 → les siens).

• ***Ce, c'*** sont des **pronoms démonstratifs sujets,** ils peuvent être remplacés par «**ceci**» ou «**cela**» (ex. 3 → *ceci* n'est qu'un insecte).

• ***Se, s'*** sont des **pronoms réfléchis** qui peuvent être remplacés par d'autres **pronoms personnels compléments si on modifie la personne du sujet de la phrase** (ex. 4 → *je me* plais dans les cimetières ; ex. 6 → *nous nous* sommes blessés...). Dans le cas des verbes impersonnels, revenir à l'infinitif du verbe et observer s'il comporte ou non le pronom réfléchi (ex. 7 → s'agir).

• ***Ça, sa*** : ***ça*, contraction du démonstratif *cela*** ne marque jamais un rapport de possession et **peut être sujet ou complément** (ex. 8b). Il peut toujours être remplacé par «**cela**». ***Sa* est adjectif possessif** (ex. 8a... sa moto → la sienne).

• *Ce sont, se sont* : *ce* est un **pronom démonstratif sujet** (ex. 9a) ; ***se*** est un **pronom réfléchi complément ; il est toujours précédé d'un sujet** ; ***ce*** **sujet** peut toujours être remplacé par ***ils*** **ou** ***elles*** (ex. 9a).

RÉSUMÉ

NAUFRAGÉ VOLONTAIRE
d'Alain BOMBARD (voir p. 6)

Le jeune médecin Alain Bombard décide de consacrer toute son énergie à l'étude du problème de la survie des naufragés en haute mer et d'expérimenter sur sa propre personne ses théories scientifiques. Mais il faut préparer minutieusement l'expédition et se préserver des journalistes en quête de sensationnel pour ne pas être gêné par des curieux ou des importuns. Or Bombard n'est pas de taille à rivaliser avec la presse incrédule, moqueuse et peu à peu la situation se dégrade.

• Faire :
– lire le texte une fois par l'élève avant de le lui dicter ;
– repérer les pronoms et adjectifs démonstratifs ;
– apprendre les mots en gras.
• Dicter la ponctuation.
• Épeler les noms propres.

DICTÉE (d'après Alain Bombard, *Naufragé volontaire*)

C'est ainsi que peu à peu la presse s'empara de notre histoire. Un de ces journalistes vint me voir dans mon laboratoire de Monaco et ses articles commencèrent à paraître, en déformant souvent grossièrement la vérité. J'avais déclenché un mécanisme auprès duquel le laboratoire de l'apprenti sorcier n'était qu'une plaisanterie. Ce devint de la **surenchère** ; on parlait «du premier prix de conservatoire Bombard», de ce «professeur Bombard»... etc... Tout ce battage faisait l'effet d'une publicité de **mauvais aloi** et commençait à m'empêcher de travailler. En revanche, comme il y a du bien en tout, des volontaires se présentaient en foule. (...) Un jour se présenta à mon hôtel un grand Anglais roux, **flegmatique** et calme, qui se mettait lui, son **sextant** et son bateau à ma disposition. Il s'agissait d'Herbert Muir-Palmer, citoyen **panaméen**, plus connu sous le nom de Jack Palmer.

Alain Bombard a trouvé un solide et joyeux compagnon pour tenter l'aventure. Si vous voulez connaître la suite, reportez-vous à la page 38 de Naufragé volontaire *d'Alain Bombard (*Livre de Poche, *n° 368).*

LEÇON
18 *tout/tous/toute(s)*

• Dans chaque exemple, faire observer à l'élève l'orthographe et la nature de *tout*.
• Faire apprendre les expressions figées dans lesquelles *tout* est employé soit au singulier, soit au pluriel.

EXEMPLES

1. Les **tout** petits enfants sont souvent malades.
2. **Tous** les élèves s'étaient déguisés.
3. L'orthographe, la grammaire et l'explication de textes forment un **tout**.
4. Les clients s'inquiétaient, **tous** retiraient leur argent de la banque.

RÈGLES

• *Tout* peut être nom (ex. 3), pronom (ex. 4), adjectif (ex. 2), ou adverbe (ex. 1). Il est variable dans les trois premiers cas, invariable quand il est adverbe.

• ***Tout* variable**
– **quand il est un nom** ; on le reconnaît à ce qu'il est précédé d'un article et forme à lui seul le GN (ex. 3)
– **quand il est pronom** ; il remplace alors un nom (ex. 4).
– **quand il est adjectif**
. dans la construction : tout + dét. + nom
tous les enfants
il varie en genre et en nombre (il est synonyme de *au total, tout entier,* etc.)

• ***Tout* invariable**
– **quand il est adverbe**
. dans la construction : tout + adj.
des papiers tout froissés
. dans la construction : tout + adv.
avancez tout doucement
(il est alors synonyme de *tout à fait*).

• **Attention** ! *tout*, bien qu'adverbe, s'il est placé devant un adjectif féminin commençant par une consonne ou par un *h* aspiré, s'accorde. (ex. : La petite fille *toute r*ouge demeurait *toute h*onteuse.).

• **A retenir** : les expressions suivantes sont toujours employées au singulier :
en tout cas, de toute façon, à tout hasard, à toute heure, de tout temps, à toute vitesse, en tout lieu...

Les expressions suivantes sont toujours employées au pluriel :
en toutes lettres, de tous côtés, de toutes pièces, toutes proportions gardées, en tous sens...

RÉSUMÉ

Alain et Jack ont pris la mer et dérivent depuis plusieurs jours en Méditerranée sur un petit canot de sauvetage en caoutchouc. Les voici en haute mer : les problèmes ne manquent pas. Il faut se nourrir de poisson cru mais la pêche n'est pas toujours fructueuse ; et surtout il faut organiser des tours de garde pour éviter d'être percuté par un bateau.

• Faire :
– lire le texte par l'élève avant de le lui dicter ;
– apprendre les mots en gras.
• Dicter la ponctuation.

DICTÉE (d'après Alain Bombard, *Naufragé volontaire*)

Je pris la première garde. Au début, tout me parut normal. Aiguisés par la faim, tous mes sens étaient en éveil. L'**ouïe** tendue, dans le grand silence de la mer, je crus percevoir, vers onze heures, d'étranges bruits tout autour de nous. Étais-je le jouet d'une **hallucination** ? L'inquiétude me saisit. Je m'obligeai à raisonner. Les hommes étaient tous très loin, si loin qu'à peine la pensée de quelques-uns nous suivait. Or, ces bruits surprenants montaient toujours de la mer. Il faisait nuit noire et l'on n'y voyait **goutte**. J'imaginai alors tous les **dauphins** et tous les **marsouins** de la mer en train de mener une **sarabande** autour de notre frêle **embarcation** qui faisait son chemin régulièrement, et tout cela en notre honneur sans doute. L'**entrain**, la durée, l'ampleur de la fête m'étonnaient. La curiosité me tint tout éveillé jusqu'au lever du jour, que j'attendis avec impatience. A l'aube, je discernai autour de l'*Hérétique*[1] d'immenses fantômes grisâtres, aux reflets **métalliques**.

Quelles sont ces étranges apparitions ? Vous le saurez en ouvrant votre livre à la page 78.

1. *Hérétique* : nom que Bombard avait donné à son embarcation sans doute pour montrer qu'il luttait contre les idées reçues.

LEÇON

19 *à*, préposition et *a*, verbe *Quoi que* et *quoique*

• Faire :
– reconnaître dans les exemples les cas où [a] est préposition et où [a] est verbe ;
– observer les différences d'orthographe ;
– remplacer [kwakə] par «quelle que soit la chose que» ou par «bien que» et observer les différences d'emploi et d'orthographe.

EXEMPLES

1. J'ai appris **à** jouer de la flûte **à** bec **à** l'âge de six ans.
2. La phrase est difficile **à** analyser.
3. Nous avons rendez-vous **à** Paris **à** huit heures.
4. Il **a** joué du clairon **à** la faculté.
5. **Quoi qu**'il arrive, ne sortez pas de cette pièce.
6. **Quoiqu**'il arrive demain à Paris, il n'aura pas le temps de venir nous voir.

RÈGLES

• *à* et *a*

La préposition *à* prend toujours un accent grave; elle introduit différents compléments circonstanciels et se distingue ainsi de *a*, troisième personne du singulier du verbe *avoir* au présent de l'indicatif. Le verbe se reconnaît à ce qu'on peut lui substituer la forme de l'imparfait (ex. 4 → Il *avait* joué du clairon à la faculté.).

• ***Quoi que* et *quoique***

***Quoi que*, écrit en deux mots est un pronom indéfini suivi d'une conjonction de subordination qui peut se remplacer par «quelle que soit la chose que».** (ex. 5).

***Quoique*, écrit en un seul mot est une locution conjonctive, exprimant la concession ou l'opposition, qui peut toujours se remplacer par «bien que»** (ex. 6).

RÉSUMÉ

Mercredi 11 juin, dix-huitième jour de voyage... Les deux hommes sentent le désespoir les envahir. Ils ont faim, sont épuisés et chaque fois qu'une côte est en vue, un courant contraire et capricieux s'acharne avec un malin plaisir à les en éloigner. Quand enfin...

- Faire :
  - lire le texte une première fois par l'élève avant de le lui dicter ;
  - revoir la règle de l'accord du participe passé (leçon 6, règles 1 et 2) ;
  - dire la fonction des compléments introduits par la préposition *à* ;
  - repérer les graphies de [kwaka] et opérer les substitutions indiquées dans la leçon.
  - apprendre les mots en gras.
- Dicter le texte sans donner la ponctuation mais en faisant une pause là où doivent figurer les signes de ponctuation.
- Épeler *cap Minorque.*

DICTÉE (d'après Alain Bombard, *Naufragé volontaire*)

Quelle joie à dix heures du matin quand nous apercevons enfin, longeant la côte, une dizaine de barques de pêche qui s'**égaillent** dans toutes les directions. Quoique nous soyons proches d'elles, il semble qu'aucune ne nous ait remarqués. Cependant l'une d'elles part lever des casiers au nord-est de nous. Il est impossible qu'elle puisse revenir sans aller à notre rencontre. Nous sommes décidés à demander une remorque jusqu'au port. Cependant on ne nous a toujours pas aperçus. Allons-nous franchir ce cap Minorque tant désiré ? Au moment où nous allons l'atteindre, le vent nous abandonne encore. Quoi qu'on en ait dit, la chance n'est pas toujours avec nous. Tout est-il à recommencer ? Non, à vingt mètres de la côte, une barque de pêche s'approche, nous passe une remorque et, dix minutes après, croyant rêver, nous faisons notre entrée dans ce charmant petit port qui, en quelques minutes, allait à la fois nous adopter et nous séduire. Séduction d'ailleurs dangereuse pour mon compagnon qui, merveilleux de **cran**, d'**endurance** et d'égalité de caractère à la mer, n'a pas la force de résister à la douceur des **escales**.

La terre offrirait-elle un danger plus grand que la mer pour l'expédition des deux aventuriers ? Alain n'est pas loin de le croire et Jack se laisse prendre aux mailles des douceurs terrestres. Est-ce la fin d'un beau rêve, le terme d'une ambition généreuse ? Vous le saurez en ouvrant votre livre à la page 98.

LEÇON 20 Les verbes à l'infinitif

• Faire distinguer la forme infinitive du verbe de la forme adjective (participe passé employé comme adjectif) et préciser le sens de la phrase.

EXEMPLES

1. a) Il faudra vous **dépêcher** b) pour **arriver** à l'heure.
2. a) Elle a vu **passer** b) un train bondé.
3. Je me suis laissée **abuser** par son air franc, m'avoua Ginette.
4. Avant de **chanter**, pensez à **fermer** la porte.
5. Judith aime **voir** les feuilles **tomber**.
6. Judith aime **voir** les feuilles tombées.

RÈGLES

• **Afin de distinguer la forme infinitive du verbe de celle du participe passé pour les verbes en -*er*, il convient de remplacer la forme ambiguë par l'infinitif d'un verbe du troisième groupe.** (ex. 1 → Il faudra vous *prendre* pour *prendre* à l'heure. La phrase est grammaticalement cohérente même si elle ne veut rien dire. ex. 3 → Je me suis *prise*... ; → je me suis laissée *prendre*...). Dans l'exemple 5, la substitution par *prendre* est possible ; il faut donc employer l'infinitif si le sens de *tomber* est actif. Toutefois l'exemple 6 montre qu'il faut également s'attacher au sens de la phrase dans certains cas. (ex. 6 ... feuilles tombées → substitution : feuilles *prises* → les feuilles *qui sont tombées* ; l'action est achevée, on emploie alors le participe passé qui joue le rôle d'un adjectif ; il s'accorde en genre et en nombre avec le nom qu'il détermine).

• **Très généralement, lorsque deux verbes se suivent, le deuxième est toujours à l'infinitif sauf si le premier verbe est un auxiliaire de conjugaison** (ex. 3 → *suis* : auxiliaire de conjugaison du verbe ; *laissée* est au participe passé et s'accorde avec le sujet *je* mis pour *Ginette* ; le verbe qui le suit, *abuser*, est à l'infinitif).

• **Lorsqu'un verbe est précédé d'une préposition, il se met toujours à l'infinitif** (ex. 4 : *chanter* est précédé de *avant de* ; *fermer* est précédé de *à*).

RÉSUMÉ

L'aventure en Méditerranée est terminée : les deux naufragés ont prouvé qu'on pouvait survivre longtemps, contrairement à toutes les prédictions. Mais l'expérience n'a pas convaincu tout le monde; certains en contestent l'authenticité. Jack lui-même ne sent plus le même enthousiasme pour poursuivre l'expérience dans l'Atlantique. Il abandonne et tâche de dissuader son ami d'entreprendre un projet aussi risqué. Mais Alain croit à ses idées ; il a la rage de convaincre et décide d'affronter seul l'océan Atlantique. La traversée en solitaire commence le dimanche 24 août ; Alain tient son journal : en voici un extrait.

- Faire :
  - lire le texte une fois par l'élève avant de le lui dicter ;
  - repérer les infinitifs des verbes ;
  - apprendre les mots en gras.
- Dicter la ponctuation.
- Épeler *Las Palmas.*

DICTÉE (d'après Alain Bombard, *Naufragé volontaire*)

Mercredi 3 septembre – Mon Dieu, mon Dieu, que se passe-t-il ? Toute la nuit j'ai tâché de guetter le feu de Las Palmas, je devrais y être et je ne vois rien. Que faire ? Dois-je m'arrêter en attendant que le brouillard **consente** à se dissiper ? Dois-je au contraire continuer vers le sud ?

Midi - Enfin, un avion s'est envolé sur ma droite ; il n'a pas eu le temps de s'élever encore ; la terre est là, je vais gagner !

3 heures - C'est fini, jamais je n'**atteindrai** cette terre. Je croyais que l'avion s'était envolé de la partie nord, et maintenant que la côte m'apparaît, je m'aperçois que j'ai laissé défiler quarante kilomètres de terre et qu'il m'en reste à peine une dizaine pour **atterrir**. Le vent est au nord. Je dérive vers le sud avec un courant violent ; je vais passer à trois **milles**[1] de la terre, mais jamais je ne l'atteindrai.

Déjà dix jours de navigation solitaire et Alain Bombard aimerait bien pouvoir accoster la Grande Canarie avant le grand saut. Y parviendra-t-il ou sera-t-il contraint de continuer son errance ? Vous le saurez en vous reportant à la page 139 de votre livre.

1. *Mille* : il s'agit d'une mesure employée en navigation, équivalant à 1852 m. Dans le cas où il désigne une mesure de longueur, et dans ce cas seulement, *mille* s'accorde.

LEÇON

21 Accord du sujet et du verbe

• Faire :
– repérer dans chacun des exemples le verbe et le groupe sujet ;
– dire précisément avec quel(s) terme(s) du groupe sujet s'accorde le verbe.

EXEMPLES

1. **Paul et Karine partent** en vacances.
2. **Les oiseaux** a) qu'observe **Francis** b) **s'envolent.**
3. **La plupart des pélerins** se **massait** (*ou* se massaient) sur le quai de la gare.
4. **Chacun** de ses camarades **avait** apporté un gâteau.
5. **Beaucoup** pens**ent** être savants.
6. **Plus d'un** dans la classe ignor**e** la syntaxe.
7. a) C'est **moi** b) qui **ai** trouvé le trésor c) mais ce **sont** vos initiales qui **sont gravées** sur le couvercle.
8. Il manqu**ait** trois billets dans la caisse.
9. Les valises, les chaussures, les skis, les bâtons, **tout** entr**a** dans la voiture.
10. Une mince colonne lilas, une tige de lumière divise l'obscurité.
11. Ni **le pain**, ni **l'alcool** ne parvien**nent** (*ou* ne parvien**t**) à la faire grossir.

RÈGLES

Le sujet indique le nombre et la personne du verbe. Pour accorder convenablement le verbe, il faut toujours chercher le (ou les) sujet(s), notamment pour éviter de se tromper en cas d'inversion du sujet (ex. 2a → *Francis*, sujet de *observe* ; 2b → *oiseaux*, sujet de *s'envolent*).

Cas où l'accord avec le sujet présente des difficultés :

– **le sujet est un mot collectif** (foule, horde, armée, etc.) suivi d'un complément pluriel ; le verbe s'accorde généralement au singulier mais peut être au pluriel (ex. 3) ;

– **le sujet est un pronom indéfini suivi d'un complément pluriel** ; le verbe, s'accordant normalement avec le sujet, est au singulier (ex. 4) ;

– **le sujet est un adverbe de quantité** employé comme un pronom (ex. 5) ; l'accord se fait au pluriel. Attention ! avec ***plus d'un***... le verbe est toujours au singulier (ex. 6) ;

– **le sujet est *ce* suivi du verbe *être***; le verbe est au singulier (ex. 7a) sauf si l'attribut du sujet est pluriel (ex. 7c) ;

– **le sujet est un pronom relatif** ; la personne du verbe est celle de l'antécédent du pronom (ex. 7b) ;

– **le sujet d'un verbe employé de façon impersonnelle** est le pronom neutre *il* qui le précède (ex. 8).
– **Quand le verbe a plusieurs sujets**, il se met normalement au pluriel (ex. 1) sauf si l'ensemble des sujets est repris par un terme collectif singulier (ex. 9) ou si les sujets désignent le même objet ou le même être (ex. 10).
– Des sujets coordonnés par *ni, ou, ainsi que, comme, avec* entraînent au choix, des verbes au singulier ou au pluriel (ex. 11).

RÉSUMÉ

Tout va bien à bord : la vie d'Alain Bombard a eu le temps de s'organiser pendant ces cinq semaines de navigation solitaire et il ne désespère pas d'arriver bientôt à destination : dans une vingtaine de jours d'après ses calculs, mais il n'est pas très sûr de l'exactitude de ses estimations...

- Faire :
  – lire le texte à haute voix par l'élève.
  – repérer les sujets des verbes.
  – apprendre les mots en gras.
- Dicter le texte sans indication de ponctuation.

DICTÉE (d'après A. Bombard, *Naufragé volontaire*)

Mardi 4 novembre – La lune me donne 9° de différence avec le soleil et 3 avec mon estime. Je n'y comprends plus rien ; les récepteurs de ma radio, que je n'entends plus que quelques heures le soir, au moment où l'écoute est la plus favorable, commencent à ne plus marcher. Je continue sur mon estime et prends la lune comme **optimum**. Hier, bonne course à l'Ouest, je suis sur 18° 58' nord ; il y a cinq mois, Minorque nous apparaissait et nous allions y faire le lendemain notre première étape. Que de chemin parcouru depuis ! A 18 heures, rien pêché de la journée. C'est d'autant plus **rageant** que je suis entouré de poissons pilotes. A 19 heures enfin, voici mon **dîner** attrapé, je ne serai pas **à jeun** pour la nuit. S'ébattent autour de moi un magnifique **goéland** blanc et des **marsouins**. Le temps idéal, le vent moyen donnent à l'*Hérétique* toute son efficacité, et ne laissent pas déferler les vagues : pourvu que ça dure !

La chance paraît favoriser l'aventure du navigateur mais sera-t-elle longtemps avec lui ? Et ses prévisions ne sont-elles pas trop optimistes ? C'est ce que vous saurez en ouvrant votre livre à la page 185.

LEÇON 22 Les mots terminés par le son [e] Orthographe de *même*

EXEMPLES

• Faire :
– observer dans les exemples le genre des mots terminés par le son [e] ; considérer particulièrement les mots féminins terminés par *-té* ou *-tié*.
– chercher dans un dictionnaire la définition des mots inconnus.

1. Sur le chemin du marché le galant cavalier a cueilli du blé et une branche de pommier pour l'abbé.
2. Le pygmée va au musée et l'athée sort du lycée.
3. La fiancée a donné une soirée au Rendez-vous des fées.
4. La charité, la bonté, la piété sont des qualités.

RÈGLES

• **Les mots terminés par le son [e]**

– **Les mots masculins se terminent par -*é* ou par -*er*** (ex. 1). Exceptions (ex. 2) : *apogée, athée, caducée, hyménée, gynécée, lycée, mausolée, musée, pygmée, scarabée, trophée.*

– **Les mots féminins se terminent généralement par -*ée*** (ex. 3) sauf *acné* (= maladie), *clé, psyché* (= miroir) et les mots en -*té* ou -*tié* (ex. 4).

Les mots féminins terminés en -*té* ou -*tié* se terminent par -*é* (ex. 4) sauf ceux qui indiquent un contenu (ex. *pelletée, brouettée, platée*, etc.) et les six mots suivants : *butée, dictée, jetée, montée, pâtée, portée.*

Même

• **Même est variable**

– **quand il est adjectif placé devant le nom :**

dét. + *même* + (adj.) + nom
les mêmes ennuyeux travaux (revenaient chaque jour.)

– **quand il est adjectif placé après le nom ou le pronom :**

dét. + nom + même
(Ce sont les paroles mêmes (du professeur.)

pronom + *même*
ceux-là mêmes
vous - mêmes

– **quand il est pronom** (ex. : Tu as de belles assiettes mais j'ai vu exactement *les mêmes* aux Puces.).

• **Même est invariable quand il est adverbe** et indique une nuance d'insistance ; on peut le remplacer par «aussi» ou par «seulement» quand il est employé avec «pas».

. *même* + dét. + (adj.) + nom
Même les vieux soldats (étaient présents).
(= Les vieux soldats *aussi* étaient présents).

. *Il n'y a même pas un quignon de pain à manger* (ou *pas même* = *seulement pas*).

RÉSUMÉ

Lundi 8 décembre, voilà cinquante jours qu'Alain Bombard a pris la mer et toujours rien en vue. Le vent est tombé et tout est d'un calme désespérant. Le moral et la santé du jeune médecin commencent à éprouver les effets du difficile régime qui leur est imposé.

• Faire :
– lire le texte par l'élève avant de le lui dicter ;
– repérer les mots en *-té* et *-tié* et les orthographes de *même* ;
– apprendre les mots en gras.
• Dicter le texte sans donner la ponctuation.

DICTÉE (d'après Alain Bombard, *Naufragé volontaire*)

Une journée atrocement chaude se prépare.

Pas même un nuage pour atténuer le soleil. Malgré toutes mes bonnes fortunes anciennes, on peut dire que j'ai depuis quelques jours toute la malchance possible. Il pleut autour de moi, mais pas même une goutte sur moi ; quelle cruauté ! Toujours les mêmes nuages autour de moi, sur moi un soleil **implacable** ; quelle bonne fée les rabattra sur moi ? C'est l'époque de l'**alizé** régulier, et j'ai périodiquement un jour de vent, un jour de brise, deux ou trois jours de calme plat, d'angoissante tranquillité. En réalité, voilà vingt jours de **quasi** immobilité. Aucune possibilité d'avancer. Ah ! je les retiens, j'ai été assez idiot pour me fier à un livre écrit par des spécialistes ! C'est un **tissu** de banalités, pire, d'imbécillités ! Malheureusement, je ne serai pas vivant pour leur dire leurs vérités. Vingt jours de calme, quand «l'alizé est le plus régulier et le plus fort» ! Moralité, avec ce temps là, il est impossible que j'arrive vivant et pourtant je ne devrais pas être loin.

---

*La colère du naufragé est légitime et à la mesure du désespoir qui l'envahit. L'idée qu'il n'arrivera pas vivant le révolte parce qu'il se sent proche du but à atteindre. Qu'adviendra-t-il de l'*Hérétique *et de son passager ? C'est ce que vous saurez en ouvrant votre livre page 232.*

LEÇON 23 *l', le, la, les* devant le verbe

• Dans les phrases suivantes, faire chercher le sujet du verbe et le complément d'objet direct.
• Rappeler que le verbe s'accorde avec le sujet.

EXEMPLES

1. **La** petite est bien gardée, ma mère et ma tante **la** surveillent.
2. Tu affirmes qu'il est venu mais je ne **le** crois pas.
3. Je pouvais parler de Piaf : je **l'**avais vue à l'Olympia en 1953.
4. Les oiseaux picoraient ; Paul, caché par les buissons, **les** photographiait tranquillement.
5. J'ai rapporté les papiers et je **les** ai classés.
6. Paul **la** croyait à la maison ; il **l'a** appelée mais elle n'était pas là.

RÈGLES

On a souvent tendance à accorder le verbe avec le pronom personnel qui se trouve placé juste devant lui; or il peut s'agir d'un pronom personnel complément d'objet direct (*le, la, les*). Une seule règle est à appliquer en ce qui concerne l'accord du verbe : **quel que soit le mot qui le précède immédiatement, le verbe s'accorde toujours avec son sujet.**

Les pronoms compléments *l', le, la, les* remplacent toujours un nom (ou un groupe de mots) déterminé (ex. 4 → Paul . . . photographiait *les oiseaux*). *Le* est le pronom complément masculin ou neutre ; dans ce dernier cas, il peut être remplacé par «cela» (ex. 2).

L'emploi du pronom complément devant le verbe ne modifie en rien les règles d'accord du verbe, sauf dans les temps composés contenant l'auxiliaire *avoir* (cf. leçon 6) ou l'auxiliaire *être* dans certains emplois des verbes pronominaux (cf. leçon 37) ; l'auxiliaire s'accorde alors normalement avec le sujet mais le participe passé s'accorde avec le pronom complément (ex. 5).

Le pronom *le* peut s'élider devant une voyelle et induire en confusion. Ne pas confondre *l'a* (pronom complément élidé + verbe *avoir*) *la* (pronom complément fém.) et *là* (adverbe de lieu) (ex. 6).

Attention ! De la même façon, le pronom complément *vous*, placé devant un infinitif est parfois pris pour un sujet. Pour éviter les confusions, substituez le verbe *prendre* quand *vous* est placé devant un infinitif du 1er groupe (ex. : Vous lisez – *prenez* – trop vite ; je vais vous dicter – *prendre* – le texte lentement).

RÉSUMÉ

Le 13 décembre, Alain Bombard n'a toujours pas aperçu la terre. Pourtant les oiseaux sont de plus en plus nombreux et apparaît une mouette annonciatrice d'une côte probable. Malgré les cinquante-cinq jours passés sur l'océan le moral du naufragé remonte et Alain se divertit en observant les animaux qui ne manquent pas de l'accompagner.

- Faire :
  - lire le texte une fois à haute voix ;
  - remarquer l'accord des verbes précédés de *le, la, les, l'* ;
  - apprendre les mots en gras.
- Dicter la ponctuation.

DICTÉE (d'après A. Bombard, *Naufragé volontaire*)

Depuis plusieurs jours, l'un des plus beaux oiseaux de mer qui existent, un **oiseau-frégate**, me survolait et fonçait de temps en temps pour attraper au vol un poisson volant. Je m'étais demandé pendant longtemps comment cet oiseau pouvait repérer exactement l'endroit où ses proies allaient émerger de la surface. J'eus ce jour-là la révélation ; il les repérait grâce à ses complices, les **daurades**. A un moment donné, celles-ci se précipitaient au milieu du **banc** de poissons et les faisaient s'**éparpiller** dans les airs, où, d'ailleurs, elles les poursuivaient en faisant d'immenses bonds hors de la vague. Dès que l'oiseau les voyait commencer la chasse, il fonçait sur le groupe et chaque fois qu'il redressait son vol, il tenait un poisson dans son bec. Arrivé à une grande hauteur, il le lâchait brusquement, piquait rapidement pour se trouver dans l'axe de chute du poisson et le recevait alors dans son bec ouvert. C'est ainsi que l'oiseau-frégate mange ses proies en plein vol.

Alain Bombard se croit proche de la terre mais il se trompe. Son périple est loin d'être terminé et beaucoup d'autres aventures l'attendent. Si vous désirez les connaître, lisez la suite et la fin de cet extraordinaire voyage *p. 244.*

LEÇON 24 Révisions

• La dictée que nous vous proposons ici va permettre à l'élève de récapituler les connaissances acquises au cours des sept leçons précédentes, à savoir : les confusions à ne pas faire entre *ces/ses; ce/se ; c'est/s'est ; ça/sa ; ce sont/se sont ; tout/tous; à/a* ; les verbes à l'infinitif ; l'accord sujet-verbe ; les mots féminins en *té/tié ; même ; le, la, les* devant un verbe. Dans la mesure du possible nous avons voulu réemployer les mots qui figuraient en gras dans les dictées précédentes.

• Il est vivement conseillé de faire réviser règles et mots avant d'aborder la dictée qui ne doit pas être lue préalablement par l'élève.

• On ne comptera lors du bilan, que les fautes commises sur les règles ou les mots appris.

DICTÉE (d'après A. Bombard, *Naufragé volontaire*)

L'amiral Sol m'avait averti de prendre de grandes précautions pour atterrir. C'est là encore une expérience dont je voudrais faire profiter tous les naufragés.

Naufragé, mon ami, ton embarcation et toi allez enfin atteindre la terre ; elle n'est plus qu'à quelques milles, tout te semble terminé, la liberté est proche ; il serait vraiment trop bête qu'à ce moment-là tu sois tué par cette terre même qui est ton salut. Tu as tout le temps. Seules une impatience et une fébrilité de mauvais aloi peuvent encore tout compromettre. Ton expédition et ta souffrance touchent à leur fin. Arrête-toi pour observer et choisir. N'oublie pas que quatre-vingt-dix pour cent des accidents arrivent à l'atterrissage. Il te faut trouver le point où la mer déferle le moins, où il y aura du sable, et non une roche meurtrière. Pour cela, observe soigneusement la couleur de la mer : tous les points blancs, signe de vagues déferlantes, doivent te sembler suspects : ce sont des récifs dissimulés. Aie du cran mais ne t'engage jamais que sur les grandes étendues, sans tourbillons et sans brisants.

EXERCICES

1) *A la suite d'une erreur dans la disposition typographique, les verbes des phrases suivantes se sont trouvés séparés de leurs sujets. Vous vous efforcerez de retrouver le texte original en vous fiant au sens et aux accords.*

1. Des milliers d'insectes	7 sont finies.
2. Anne, Luc et Pierre	6 vous ne vous quittez plus.
3. L'éden	5 raffole des biscottes.
4. La pluie et le brouillard	3 n'est qu'un leurre.
5. Victor	9 coûte environ 300 francs.
6. Sylvain et toi	8 est dans les escaliers.
7. Les vacances	2 sont imprudents.
8. La concierge	4 gênent les astronomes.
9. Une paire de lunettes	10 partent pour la Guadeloupe.
10. Trop d'automobilistes	1 envahissent les caves.

2) *Donnez une dizaine de proverbes contenant au moins un verbe à l'infinitif.*

....

....

....

....

....

....

....

....

....

....

3) *Vérifiez si l'orthographe est correcte dans ces phrases, restituez-la en cas d'erreur.*

1. Tout ses gens ne pensent qu'a partir en vacances.
2. Les comédiens eux-même avait oubliés leur texte.
3. Ce n'est qu'un tous petit chagrin.
4. Trop de bontée te perdra.
5. La dictée contenait un grand nombre de difficultées.
6. Je ne les oublies pas malgré les apparence.
7. Quand à Karine et Jenny, si nous les avions pris nous aurions eu des regrets.
8. Ne prends pas cet anorak, s'est le mien.
9. J'ignore si elle c'est blessée a la jambe.
10. Ne rate pas ton train, il est a huits heures.

LEÇON 25 Accord de l'adjectif qualificatif

● Faire :
– relever dans les exemples suivants tous les adjectifs qualificatifs ;
– observer et expliquer comment ils s'accordent.

EXEMPLES

1. Les souris **vertes** sont moins fréquentes que les souris **grises**.
2. Ils marchaient **nu-pieds** ; ils marchaient pieds **nus**.
3. J'aime ces tissus **aubergine** et ces lunettes **rouge cerise** à pois **bleus**.
4. **Émus**, le lièvre et la tortue regardent courir La Fontaine.
5. J'ai mangé du bœuf **bouilli** et de la tarte **congelée** dans de la vaisselle **éclatante**.
6. **Passé** dix heures, il accepte le moins de clients **possible**.
7. Les langues **grecque** et **latine** sont à la base de la langue **française**.

RÈGLES

L'adjectif qualificatif s'accorde en genre et en nombre avec le nom auquel il se rapporte (ex. 1). **Le participe passé employé comme adjectif et l'adjectif verbal** (forme en *-ant* variable) **suivent la même règle** (ex. 5). **Lorsque l'adjectif se rapporte à plusieurs noms au singulier mais de genre identique, il se met au pluriel, à des noms de genres différents, il se met au masculin pluriel** (ex. 4).

Cas particuliers

● **Les adj. composés** suivent la règle normale (ex. : *des enfants sourds-muets*) sauf s'ils ont valeur d'adverbe (ex. : *des nouveau-nés*) ou s'ils ont valeur de préfixe, comme c'est le cas pour **demi** et **nu** (ex. 2).

● **Les adj. de couleur** s'accordent normalement sauf si le mot désignant la couleur est un nom pris comme adj. ; il est alors invariable (ex. 3).

– variables : **vert, bleu, rouge**, etc. et **mauve, rose, fauve, pourpre.**
– invariables : **orange, marron, noisette, aubergine, paille, kaki,**, etc.
Sont également invariables tous les adjectifs de couleur composés, qu'ils soient ou non unis par un trait d'union : **jaune citron, châtain clair**, etc.

● **Des adjectifs au singulier** peuvent accompagner **un nom pluriel** si chacun se rapporte à un seul des objets désignés par le nom pluriel (ex. 7).

• **Sont invariables les adjectifs suivants :**
– les adj. employés comme adverbes ; en particulier *fort* (= très) et *possible* (dans les expressions *le plus possible, le moins possible*) (ex. 6) ;
– les adj. *ci-joint, ci-inclus, vu, passé, excepté* quand ils précèdent le nom auquel ils se rapportent (ex. 6) ;
– les adj. : *chic, snob, impromptu.*
• Attention ! *ensemble* et *debout* sont des adverbes. Ils ne s'accordent jamais (mais ensemble est parfois substantif : cf. le voc. des mathématiques par ex.).

VIPÈRE AU POING

RÉSUMÉ **d'Hervé BAZIN** (voir p. 7)

Une vipère, animal maléfique, se métamorphose sous nos yeux et incarne peu à peu le personnage de la mère du narrateur, Jean Rezeau. Cette mère est surnommée Folcoche[1] *par ses enfants. Avant de raconter l'histoire de son enfance, le narrateur brosse un tableau du pays où elle s'est déroulée «aux confins des trois provinces du Maine, de la Bretagne et de l'Anjou», et de ses habitants.*

• Faire :
– lire le texte une fois par l'élève avant de le lui dicter ;
– relever et observer les adjectifs qualificatifs ;
– apprendre les mots en gras.

DICTÉE (d'après H. Bazin, *Vipère au poing*)

De race chétive, très «Gaulois dégénérés», cagneux[2], souvent tuberculeux, **décimés** par le cancer, les indigènes[3] conservent la moustache tombante, la coiffe à ruban bleu, le goût des soupes épaisses comme un mortier, une grande soumission envers la cure[4] et le château, une méfiance de corbeau, une ténacité de chiendent, quelque faiblesse pour l'eau-de-vie de prunelle et surtout pour le *poiré*[5]. Presque tous sont **métayers**[6] sur la même terre, de père en fils. Serfs dans l'âme, ils envoient à la Chambre une demi-douzaine de **vicomtes** républicains et, aux écoles chrétiennes, cette autre demi-douzaine d'enfants, qui deviennent, en grandissant, des *bicards* et des valets qui ne se paient point.

Dans ce cadre, très piqué des vers, ont vécu nos vieilles gloires, aujourd'hui abolies au même titre que les bonnets de nuit. J'appartiens, achevez de l'apprendre, à la célèbre famille Rezeau. Célèbre, évidemment, dans un rayon qui n'est pas celui de la planète, mais qui a dépassé celui du département.

---

1. ***Folcoche*** : terme qui résulte de la contraction de l'adjectif «fol» ou «fou» et de «coche» qui désigne la truie ; 2. ***Cagneux*** : qui ont les jambes plus rapprochées à la hauteur des genoux qu'au niveau des pieds ; 3. ***Indigènes*** : habitants originaires du pays ; 4. ***Cure*** : fonction du curé, nom donné à son habitation ; 5. ***Poiré*** : boisson fermentée faite avec du jus de poire ; 6. ***Métayer*** : personne qui exploite une propriété rurale et partage le fruit des récoltes avec le propriétaire.

LEÇON 26 Les noms en *-sion* et *-tion*; pluriel des noms en *-ou*

• Faire :
– repérer dans les exemples les mots en *-sion* et *-tion* et tâcher d'en trouver d'autres ayant la même finale ;
– observer le pluriel des noms en *-ou*.

EXEMPLES

1. Avez-vous une objec**tion** à formuler ?
2. Un frisson de répul**sion** me parcourait le dos.
3. Les fil**ous** ont dérobé tous les bij**oux**.

RÈGLES

• **Les finales -*tion*, -*sion*, -*ssion***

On emploie la finale **-tion** en général
– après une consonne sauf **l** ou **r** (ex. : *réaction, combustion, présomption*)
– après une voyelle sauf un **e** prononcé [ɛ] (ex. : *destination, sécrétion, promotion* mais *régression*)
– après une nasale dans les groupes [tɑ̃sjɔ̃] et [vɑ̃sjɔ̃] (ex. : *intention, invention*)

On emploie la finale **-sion** en général
– après les consonnes **l** et **r** (ex. : *répulsion, inversion*)
– dans la terminaison [ɑ̃sjɔ̃] sauf dans les deux cas cités précédemment (ex. : *ascension, dimension, appréhension*) et dans les mots : **tension, extension**.

On emploie la finale **-ssion** en général
– après un [ɛ] (ex. : *confession, dépression*)
– dans les mots : **passion, mission, scission, discussion, percussion**.

• **Les mots en -*ou***

Les mots en **-ou** font régulièrement leur pluriel en -s (ex. 3), sauf 7 noms qui prennent un-**x** : **bijou, caillou, chou, genou, hibou, joujou, pou**.

RÉSUMÉ

Jean Rezeau nous présente sa famille : son père, savant absorbé par ses recherches, laisse régner sa femme en tyran sur La Belle Angerie, *le domaine familial. Ferdinand (appelé Frédie ou Chiffe), Marcel ou Cropette, les frères de Jean sont eux aussi les victimes de Folcoche.*

L'éducation ressemble à un dressage ; tout écart par rapport à la dure loi établie par la mère est suivi de brimades humiliantes. Voici un exemple des mesures prises par cette mère abusive.

- Faire :
– lire le texte une fois par l'élève avant de le lui dicter ;
– repérer les termes en -*sion* et en -*tion* ainsi que les mots en -*ou* ;
– apprendre les mots en gras.

DICTÉE (d'après H. Bazin, *Vipère au poing*)

Madame mère, ayant décrété la **réquisition** de nos bourses, saisit également tous les objets de valeur en notre possession : timbale d'argent de nos **baptêmes**, chaînes de cou à médailles d'or, stylos offerts par le protonotaire[1], épingles de cravate. Le tout disparut dans le tiroir aux bijoux de la grande armoire anglaise, qui servait de coffre-fort à notre mère. Nous ne devions jamais rien récupérer de cette opération.

En même temps, des serrures étaient posées sur les placards les plus **anodins**[2]. Les clefs, étiquetées, furent suspendues à l'intérieur de la fameuse armoire dont je viens de parler et qui devint **le saint des saints**[3] de *La Belle Angerie*. Quelle désolation ! La clef suprême, celle qui défendait toutes les autres, celle de l'armoire anglaise, ne quitta plus l'entre-deux-seins de la maîtresse de maison. Et Frédie trouva un nom pour cette politique : la *cleftomanie*[4].

De cette époque date ma science de Louis XVI[5] amateur, mon amour des passe-partout. Quelques clefs, chipées çà et là, furent d'abord cachées sous un carreau **descellé** de ma chambre, puis travaillées avec plus ou moins de bonheur en vue de **crocheter** certains placards. Simple **forfanterie**[6], au début. Nous n'en étions pas encore au stade du vol domestique, mais nous avancions **gaillardement** sur cette voie.

---

1. *Protonotaire* : prélat de la cour romaine, du rang le plus élevé parmi ceux qui n'ont pas le caractère épiscopal (mot rare à épeler en cas d'incertitude). 2. *Anodin* : sans importance. 3. *Le saint des saints* : enceinte du Temple la plus sacrée. 4. *Cleftomanie* : jeu de mots qui évoque le terme kleptomanie(ou cleptomanie) désignant l'obsession de voler. 5. Louis XVI se distrayait en fabriquant des clefs. 6. *Forfanterie* : vantardise.

LEÇON

27 *Quelle, qu'elle ; quelque, quel que*

- Faire :
– bien observer dans les exemples le sens et l'orthographe des mots écrits ***quel(le)*** ou ***qu'elle, quelque*** ou ***quel que*** ;
– trouver des équivalents à ces termes.

EXEMPLES

1. **Quelle** belle ville ! **Quel** beau château !
2. **Qu'elle** m'apporte son tricot, je lui montrerai comment faire les diminutions. Je ne veux voir **qu'elle.**
3. Il envoya **quelques** pages tapées à la machine.
4. Il a parcouru **quelque** cinquante livres dans l'après-midi.
5. **Quelque** peureux qu'ils fussent, ils ont maîtrisé leurs assaillants.
6. **Quelque** passant ignorant l'aura mal renseigné.
7. Faites-moi part de vos objections **quelles qu'elles** soient.

RÈGLES

- ***quel*, adjectif interrogatif ou exclamatif, s'écrit en un seul mot et s'accorde en genre et en nombre avec le nom auquel il se rapporte.** On peut le remplacer par une construction avec *comme*. (ex. 1 : *Comme* cette ville est belle ! *comme* ce château est beau !)
- ***Qu'elle* résulte du rapprochement de *que* et du pronom personnel féminin *elle***. Pour savoir si *qu'elle* s'écrit en deux mots, il suffit de remplacer *elle* par *il* ou *lui* (ex. 2 → *Qu'il* m'apporte son tricot... je ne veux voir *que lui*).
- ***Quelque* le plus souvent est variable**. C'est un adjectif indéfini qui s'accorde avec le mot auquel il se rapporte. Il a le sens de «plusieurs» (ex. 3 → Il envoya *plusieurs* feuilles). Au singulier, se rapportant à un mot singulier, il a parfois le sens de «certain» (ex. 6).

***Quelque* est invariable dans quelques cas particuliers :**
– **devant un nombre**, quand il a le sens de «environ» (ex. 4)
– **en corrélation avec *que***, quand il a le sens de «aussi» (ex. 5) ; il précède alors un adjectif.

- **Dans *quel(le) que* écrit en deux mots, *quel* est variable**, il s'accorde avec le sujet du verbe dont il est l'attribut. On peut le remplacer par «n'importe lequel». (ex. 7 → Faites-moi part de vos objections, *qu'elles soient n'importe lesquelles*).
- **A retenir** : quelque part, quelquefois, quelconque quelque temps, quelque chose, quelqu'un.

RÉSUMÉ

Les vexations se succèdent et le désir de vengeance des enfants s'exacerbe. C'est la valse des précepteurs, des abbés, tous jugés trop indulgents par Folcoche. Un espoir de salut se dessine pour les trois frères, lorsque leur mère, malade, est contrainte d'effectuer des séjours à l'hôpital. Un vent de liberté souffle alors sur La Belle Angerie. *La confession publique et quotidienne est abolie.*

- Faire :
  – lire le texte une fois par l'élève avant de le lui dicter ;
  – apprendre les mots en gras.
- Dicter le texte en n'indiquant que les points.
- Épeler les noms propres.

DICTÉE (d'après H. Bazin, *Vipère au poing*, p. 118)

Comme Marcel se mettait à genoux, l'**oblat**[1] intervint :

«Vous êtes maintenant trop grands pour vous **confesser** en public. Vos aveux pourraient quelquefois nous gêner. Conservez, toutefois, mes enfants, l'habitude de vous confesser directement au bon Dieu. Je propose à cet effet deux minutes de silence, après quoi nous prierons pour la guérison de votre maman.»

Une chouette cria : je crus entendre la protestation de Folcoche. Mais son vol feutré s'éloignait dans la nuit, agacé par les récriminations des grenouilles.

Et la «reconquête» continua.

Dès le lendemain, le périmètre fut forcé. L'oblat fournit lui-même quelques arguments déterminants.

«Vos fils ont besoin de muscles, monsieur.»

Le parc entier nous redevint **accessible**. Je poussai même des **reconnaissances** jusqu'aux fermes.

1. *Oblat* : nom donné au précepteur des enfants, qui appartient à un ordre religieux.

LEÇON 28 *s'en, sans, cent, sens, sang*

- Faire :
– observer le sens et l'orthographe des différentes écritures du son [sɑ̃] ;
– chercher un équivalent à chacun des homonymes.

EXEMPLES

1. Il **s'en** va **sans** dire un mot.
2. Il n'a plus de tics , il **s'en** est complètement débarrassé.
3. Il regardait un ciel **sans** lune et **sans** étoiles.
4. Plus de **cent** donneurs de **sang** ont pris le **sens** interdit **sans s'en** rendre compte.

RÈGLES

- ***S'en*** **est formé du pronom réfléchi *se* élidé et du pronom *en*.** *En* peut donc toujours être remplacé par le terme auquel il est substitué ou par «de ceci», «de cela» (ex. 1 → Il part *d'ici*... ; ex. 2 → Il s'est complètement débarrassé *de ses tics*).

C'en est l'abréviation de *cela en,* surtout employé dans l'expression *c'en est fait*. **Rare.**

- ***Sans*** **est une préposition marquant la privation.** On peut la renforcer par (sans) «jamais» ou (sans) «aucun(e)». *Sans* est suivi d'un mot au pluriel ou au singulier suivant le sens (ex. 3).

- ***Cent*** **est un adjectif numéral** (voir règle p. 16).
Sens **et *sang* sont des substantifs** dont la signification apparaît dans le contexte (ex. 4).

- **Retenir l'orthographe de quelques expressions figées :**

en tous sens	à contresens
sens dessus dessous	de sang froid
sens devant derrière	bon sang !

- **Se méfier des homonymes *sensé* et *censé*.**
Ex. : Voilà un homme *sensé* → voilà un homme qui a du bon sens.
Cet homme est *censé* travailler → cet homme est supposé travailler.

RÉSUMÉ

La longue absence de Folcoche permet à M. Rezeau de s'occuper davantage de l'éducation de ses enfants. Une certaine complicité s'installe entre eux et l'instruction s'opère au cours d'agréables promenades dans le parc.

- Faire :
  - lire le texte par l'élève avant de le lui dicter ;
  - repérer l'orthographe des mots en [sɑ̃] ;
  - apprendre les mots en gras.
- Ne dicter que les points.
- Épeler *La Bertonnière*.

DICTÉE (d'après H. Bazin, *Vipère au poing*, p. 121-122)

Une fois la prière du soir expédiée, l'insouciance naturelle des enfants reprit le dessus, notre père se dérida[1] et consentit même à *faire un pont*.

Cette expression, propre au jargon familial, peut se traduire par le verbe pronominal «se promener», avec une nuance de va-et-vient. La grande allée des platanes, en effet, **bifurque** devant le manoir et descend jusqu'à la rivière, qu'elle traverse sur un pont solennel. Elle perd alors son nom pour devenir «l'allée rouge», qui file vers *La Bertonnière*, entre deux rangées de hêtres pourpres.

La saison s'avançait. Papa s'enveloppa dans sa vieille peau de bique, pelée aux coudes et au derrière, remonta son col, s'enfonça dans la nuit avec nous. L'oblat suivait, à quelques mètres, égrenant son rosaire[2].

Faire un pont avec ses enfants et leur faire un cours avaient dans l'esprit de notre père sensiblement le même sens. Il y avait en lui un professeur sans élèves, dont ces occasions de pérorer[3] **décongestionnaient** la cervelle.

---

1. *Se dérider* : se défaire de ses rides, c'est-à-dire s'égayer. 2. *Rosaire* : chapelet, utilisé pour réciter une longue série de prières. 3. *Pérorer* : discourir longuement sans laisser parler les autres.

LEÇON **29** **Le son [ɛ]**
es, est ; ai, aie, aies, aient

• Faire distinguer les graphies du son [ɛ].

EXEMPLES

1. **J'ai** du retard ; pourvu qu'il **ait** la patience de m'attendre.
2. Pierre ne s'**est** jamais habitué à cet entraînement intensif.
3. Bien que j'**aie** été recalée plusieurs fois, je me présente cette année encore au concours.
4. Tu **es** tout mouillé, ce n'**est** vraiment pas malin.
5. **Aie** du courage.

RÈGLES

		être	avoir
Indicatif présent. *singulier*	1re pers. 2e pers. 3e pers.	 es est	ai
Subjonctif présent *singulier*	1re pers. 2e pers. 3e pers.		aie aies ait
pluriel	3e pers.		aient

• Pour distinguer les formes du verbe *avoir* de celles du verbe *être*, revenir à l'infinitif du verbe (ex. 1 → *avoir du retard* ; ex. 2 → *s'être habitué* ; ex. 3 → *avoir été recalé* ; ex. 4 → *être tout mouillé* ; ex. 5 → *avoir du courage*).

• Les formes *est* (verbe *être*, ind. prés. 3e pers. du sing.) et *ait* (verbe *avoir*, subjonctif prés. 3e pers. du sing.) se prononcent de la même manière étant toutes deux un verbe à la 3e pers. du sing. Pour éviter de les confondre, mettre la phrase au pluriel :

est se transforme en *sont*
ait phonétiquement ne change pas : *aient*

(Ex. 1 → ... pourvu qu'ils *aient* la patience. Ex. 2 → Pierre et Paul ne *se sont* jamais habitués...)

RÉSUMÉ

Folcoche revient ! L'assouplissement de la discipline, en ce qui concerne les promenades dans le parc ou la confession du soir par exemple, la déconcerte.

- Faire :
  - lire le texte une fois par l'élève avant de le lui dicter ;
  - apprendre les mots en gras.
- Dicter le texte sans autre indication de ponctuation que les points et les guillemets.

DICTÉE (d'après H. Bazin, *Vipère au poing*)

Folcoche avait du pain sur la planche. Sa première contre-attaque, engagée de front, échoua.

«Mais, Jacques, vos enfants se moquent complètement du périmètre que nous leur avons assigné !»

La première ligne paternelle se comporta bien :

«C'est moi-même qui les ai autorisés à circuler librement. Que voulez-vous, ma chère ! ce sont presque des jeunes gens. Il faut vous en apercevoir, malgré l'extrême jeunesse que vous avez su conserver.»

La mégère dut se contenter de cette galanterie. Aussitôt après la prière du soir, comme nous nous relevions en nous brossant les genoux, nouvel étonnement de sa part :

«Comment ? Vous avez supprimé l'examen de **conscience** ?»

Cette fois, l'oblat intervint :

«Madame, mon saint ministère doit vous garantir contre toute interprétation hâtive. C'est moi-même qui les y ai autorisés. A l'âge de vos enfants, la liberté spirituelle devient nécessaire.»

Pas de doute, Mme Rezeau avait affaire à une **coalition**[1]. Elle le sentit, mais s'entêta : je l'ai déjà dit, elle n'était point très intelligente et sa forte volonté ne trouvait que progressivement les lumières utiles à sa gouverne[2].

Qui va sortir vainqueur de cette bataille, la mère ou les enfants ? Nous en sommes p. 144, allez vite lire la suite.

1. *Coalition* : front uni des alliés qui s'opposent à un même ennemi. 2. *La gouverne* : ce qui sert de règle de conduite.

LEÇON 30 Les adverbes en *-ment*

- Faire :
– bien observer les adverbes ;
– découvrir dans quels cas le *m* de la terminaison est doublé (voir règle).

EXEMPLES

1. Les tremblements de terre furent **nettement** enregistrés.
2. Le chien lui donna **poliment** la patte.
3. Je travaille **assidûment** mais j'en ai **absolument** besoin.
4. Les vacances si **ardemment** désirées arrivèrent enfin.
5. Les conseils les plus **savamment** donnés ne sont pas les meilleurs.

RÈGLES

Il ne faut pas confondre les noms terminés en *-ment* qui eux sont variables (ex. 1 : *les tremblements*) avec les adverbes terminés en *-ment*.

L'adverbe est toujours invariable.

Formation

- **Les adverbes terminés en *-ment* s'obtiennent en ajoutant le suffixe *-ment* au féminin de l'adjectif quand celui-ci se termine par une consonne articulée** (ex. : *net* → *nette* → *nettement* ; *solennel* → *solennelle* → *solennellement*).
- **Les adverbes formés sur des adjectifs terminés par une voyelle perdent le *e* caractéristique du féminin** (ex. 2 ; *hardi* → *hardiment* ; *vrai* → *vraiment*, etc.).

Par analogie, *gentil* a donné *gentiment* ; *impuni* → *impunément* ; *traître* a donné *traîtreusement* et l'adverbe formé sur *gaie* a conservé, sans raison, sa forme de l'ancien français pour donner *gaiement* que l'on voit aussi écrit *gaîment*.

Certains adverbes en *-ument* prennent un accent circonflexe sur l'*u* (ex. 3). C'est en fait le *e* du féminin qui est rappelé par cet accent (ex. assidûment, continûment, crûment, etc.).

- **Les adverbes formés sur les adjectifs en *-ent* s'écrivent *-emment*** (ex. 4 ; *prudent* → *prudemment*).

Les adverbes formés sur les adjectifs en *-ant* s'écrivent *-amment* (ex. 5 ; *élégant* → *élégamment*).

RÉSUMÉ

La vie devient infernale à La Belle Angerie. *Tel un politique habile, Mme Rezeau divise ses fils pour conquérir une emprise plus grande sur chacun d'eux ; elle tente de les rendre jaloux. La réaction s'impose et prend une forme dramatique; ne s'agit-il pas d'une tentative d'assassinat !*

- Faire :
  – lire le texte une fois par l'élève avant de le lui dicter ;
  – relever les adverbes en *-ment* (ne pas les confondre avec les noms en *-ent*) ;
  – apprendre les mots en gras.
- Dicter le texte sans indiquer la ponctuation mais en la marquant par des pauses de la voix.

DICTÉE (d'après H. Bazin, *Vipère au poing*)

Tout se passa correctement. Mais hélas ! nous n'avions pas prévu une chose : entraînée par une absorption massive de cette drogue, Folcoche était littéralement **mithridatisée**[1]. Cet excès de **belladone**[2] lui flanqua seulement une mémorable colique. Dans la salle d'étude, nous attendions des événements tragiques. Rien ne se produisit. Rien, sauf le grincement mélancolique de la porte de la tourelle, dix fois ouverte et refermée. Frédie, envoyé en exploration, découvrit que le papier de soie réservé à notre mère avait notablement diminué. (Nous n'avions droit, nous, qu'au papier journal fourni par *La Croix*, après que Fine[3] eut découpé aux ciseaux le coin gauche de ce pieux quotidien, où est imprimée la désolante image du **calvaire**. On ne peut décemment se torcher avec un tel **emblème**.) La mégère descendit pour le déjeuner, grignota trois feuilles de salade et remonta se coucher sans une plainte.

Pour connaître la suite des événements, reportez-vous page 211.

1. *Mithridatisé* : immunisé contre le poison par un effet d'accoutumance. L'empereur oriental Mithridate (132-63 av. J.-C.) qui craignait que ses ennemis ne l'empoisonnassent, avait absorbé chaque jour une dose infime de poison. Quand il voulut se donner la mort, le poison n'ayant plus d'effet sur lui, il fut obligé de se faire tuer par un de ses soldats.
2. *Belladone* : plante médicinale qui a pour effet de ralentir les mouvements du cœur.
3. *Fine* : nom de la vieille domestique de *La Belle Angerie.*

LEÇON 31 *aucun; quand, quant à, qu'en*

- Faire :
  - observer les apparitions du mot *aucun* ;
  - voir dans quel cas il s'accorde.

EXEMPLES

1. **Aucune** de ses amies n'est venue la voir.
2. **Aucuns** frais ne seront engagés dans cette aventure.
3. **Aucun** camarade n'a été prévenu.
4. D'**aucuns** pensent tout savoir et sont fort ignorants.
5. **Quand** il fera beau, ils iront à la piscine.
6. **Quant à** François, personne ne sait ce qu'il est devenu.
7. J'ai arrêté de fumer ; **qu'en** dis-tu ?

RÈGLES

- ***Aucun***

– ***Aucun*, adjectif, est toujours au singulier** (ex. 1), sauf lorsqu'il est employé avec un nom qui ne porte que le pluriel : funérailles, frais, etc. (ex. 2).

– ***Aucun*, pronom, est toujours au singulier** (ex. 3) ; il ne prend un *s* que dans l'expression figée *d'aucuns* qui signifie «quelques-uns» (ex. 4).

- ***Quand, quant à, qu'en***

– ***Quand***, conjonction de subordination, introduit une proposition subordonnée temporelle ; *quand* équivaut à «lorsque» (ex. 5).

– ***Quant (à)***, conjonction prépositive, toujours suivie de *à* ou *au(x)* prend toujours un *t* final, elle sert à mettre en relief un élément du discours ; *quant à* équivaut à «en ce qui concerne» (ex. 6).

– ***Qu'en*** résulte du rapprochement de la conjonction *que* et du pronom adverbial *en* ; *en* peut être remplacé par «de cela». (ex. 7, *qu'en dis-tu = que dis-tu de cela ? = que dis-tu du fait que j'ai arrêté de fumer ?*).

RÉSUMÉ

La répression s'abat à nouveau sur les enfants. Jean s'enferme dans sa chambre comme dans un cachot puis décide de prendre la fuite tandis que Folcoche assaille sa retraite. Le voilà à Paris, il cherche refuge auprès de ses grands-parents. Dès le lendemain, M. Rezeau vient chercher Jean, tous deux visitent la capitale. Le retour au domaine est peu glorieux; toutefois cette fugue permet au jeune adolescent de réfléchir à sa situation, d'analyser ses sentiments et ses réactions. Il examine avec attention les ressemblances de caractère qui le lient à une mère si peu aimable mais combien volontaire.

- Faire :
  - lire le texte une fois par l'élève avant de le lui dicter ;
  - apprendre les mots en gras.
- Dicter le texte sans indication de la ponctuation.

DICTÉE (d'après H. Bazin, *Vipère au poing*)

Mais si ma mère a des antennes, j'en ai aussi. Quels sont du reste les qualités et les défauts que je ne tienne pas d'elle ? Nous partageons tout, **hormis** le privilège de la virilité, que le ciel lui a refusé par inadvertance et qu'elle usurpe **allégrement**. Il n'est aucun sentiment, aucun trait de mon caractère ou de mon visage que je ne puisse retrouver en elle. Mes trop grandes oreilles, mes cheveux secs, ma galoche de menton, le **mépris** des faibles, la **méfiance** envers la bonté, l'horreur du **mièvre**, l'esprit de contradiction, le goût de la **bagarre**, de la viande, des fruits et des phrases acides, l'**opiniâtreté**, l'avarice, le culte de ma force et la force de mon culte... Salut, Folcoche ! Je suis bien ton fils, si je ne suis pas ton enfant.

C'est pourquoi, Folcoche ! tant que nous vivrons l'un près de l'autre, tu ne pourras rien faire que je ne soupçonne très vite. Ce que tu penses, je l'eusse pensé à ta place. Ce que tu tentes, je l'aurais tenté, s'il m'avait fallu, comme toi, me défendre désespérément contre une jeunesse qui te quitte alors qu'elle me parvient.

Pour connaître la fin du roman, reportez-vous à la page 293 de votre livre.

LEÇON 32 Révisions

- La dictée que nous vous proposons va permettre à l'élève de récapituler les connaissances acquises au cours des leçons précédentes. Dans la mesure du possible, les mots en caractères gras des dictées y figurent.
- Faire réviser les règles et les mots avant d'aborder la dictée qui ne doit pas être lue préalablement par l'élève.

DICTÉE (d'après H. Bazin, *Vipère au poing*, p. 126)

Quant à la bourgeoisie (dont mon père ne vit jamais qu'elle était en train de trahir, à son tour, sa mission historique), il la subdivisait en castes et sous-castes, à la tête desquelles, nous le répétons sans maugréer, marchait la nôtre, la bourgeoisie spirituelle, la pure, la moins anodine, la vaticane, la non moins patriote, celle qui ressuscitait la foi des élus. Trente familles au plus, mettons quarante pour faire preuve de quelque générosité, en font partie. Au-dessous d'elle, il y a la bourgeoisie des professions libérales. On trouve à côté de cette dernière, la bourgeoisie financière, digne de notre méfiance. Enfin il y a la bourgeoisie commerçante, digne de notre mépris. Notre conscience de classe nous interdisait donc d'inviter des épiciers à notre table.

Quant au peuple, l'opiniâtreté de ses manières grossières le rend indigne de figurer parmi nos relations. L'emblème de notre famille n'est-il pas le respect des conventions ? La rhétorique ne nous interdit-elle pas tout écart par rapport aux lois préétablies ?

1) *Faites les accords nécessaires dans les phrases suivantes si besoin est.*

1. Nul amie n'est venue me voir malgré les chaleureuse recommandations qui avait été faites publiquement.
2. Il s'en va nu-pied.
3. Prends ces tissus orange plutôt que les fauve, ils t'iront mieux.
4. Il y a un train toute les demi-heures.
5. Cette encre est-elle bleu-noir ?

2) *Complétez la finale des mots en [sjɔ̃] en respectant la graphie.*

1. carna . . .
2. rémi . . .
3. associa . . .
4. colla . . .
5. démi . . .
6. absorp . . .
7. régre . . .
8. préten . . .
9. inver . . .
10. inven . . .

3) *Le narrateur a confondu les différentes graphies du son [sɑ̃] , aidez-le à restituer la bonne orthographe.*

1. Ils sont cent foi ni loi.
2. Sans quatre pèlerins ont cheminé vers La Mecque.
3. Le vampire est friand de cent.
4. Comment sans sort-il ?
5. Qui a pris les sang francs de la corbeille ?
6. Je ne sais pas si j'ai pris le bon sans.
7. Le cent était-il un impôt ?
8. Il m'a bousculée sang sans apercevoir.
9. Quels sont les différents cens de ce mot ?
10. Il m'a quitté s'en un mot.

4) *Donnez les adverbes correspondant aux adjectifs suivants :*

1. carré ----------
2. long ----------
3. soigneux ----------
4. solennel ----------
5. plaisant ----------
6. juste ----------
7. plein ----------
8. bruyant ----------
9. fort ----------
10. innocent ----------

LEÇON 33 *ni, n'y; tant, autant, temps*

• Observer dans les exemples les cas où l'on emploie *ni* et *n'y*. Faire remplacer *ni* par *et*.
• Retenir les expressions contenant *tant, autant* et *temps*.

EXEMPLES

1. Il n'a rien trouvé, **ni** les couteaux, **ni** les fourchettes, **ni** les verres.
2. Le sommet est encore loin ; nous **n'y** arriverons pas avant la nuit.
3. Ce problème est difficile ; ce n'est pas de ma faute **ni** de la tienne si nous **n'y** comprenons rien.
4. Ce n'est pas la peine de brûler tout le bois ce soir, **d'autant** plus que tous, **tant** que nous sommes, nous voudrions en garder **tant** soit peu pour demain.
5. De **temps** en **temps** malgré tout il part suffisamment tôt pour arriver à **temps**.

RÈGLES

• Ni et n'y

Ni **correspond à** ***et*** **dans une phrase affirmative.** Il relie des mots ou groupes de mots. Il est souvent employé dans une énumération (ex. 1).

N'y **est la contraction de la négation** ***ne*** **et du pronom adverbial** ***y***. Ce groupe est toujours placé devant le verbe ; la négation *ne* est toujours en corrélation avec un autre terme de la phrase (ne... pas, ne ... rien, ne ... jamais ; ex. 2 et 3) ; le pronom adverbial **y** remplace un mot (ex. 3), indique un lieu déterminé (ex. 2).

• Tant, autant, temps

Tant **et** ***autant*** **sont des adverbes indiquant la quantité ou l'intensité,** ***temps*** **est un nom commun** ; on ne devrait donc pas les confondre. Mais les deux homonymes entrent dans un certain nombre de locutions ou d'expressions figées qu'il est bon de connaître pour éviter les confusions orthographiques.

A retenir :

TANT et AUTANT		TEMPS
tant que	si tant est que	de tout temps
tant de	tant qu'à faire	dans quelque temps
tant soit peu	tant mieux, tant pis	de temps à autre
tant s'en faut	autant que	de temps en temps
tant que nous sommes	pour autant	du temps que
tant et plus	d'autant plus que	en même temps

LE HORLA

de Guy de MAUPASSANT (voir p. 8)

RÉSUMÉ

Le narrateur tient son journal intime : en ce jour du 8 mai, Rouen resplendit de soleil, des bateaux passent sur la Seine ; l'un d'entre eux, un magnifique trois-mâts brésilien tout blanc émerveille et enchante le narrateur. Quelques jours plus tard, une curieuse langueur s'empare de lui; il nous fait part de sa réflexion.

- Faire :
  – lire le texte une fois par l'élève avant de le lui dicter ;
  – apprendre les mots en gras.
- Dicter la ponctuation.

DICTÉE (d'après Guy de Maupassant, *Le Horla*)

Comme il est profond, ce **mystère** de l'Invisible ! Nous n'y comprenons rien. Nous ne le pouvons sonder avec nos sens misérables, avec nos yeux qui ne savent **apercevoir** ni le trop petit, ni le trop grand, ni le trop près, ni le trop loin, ni les habitants d'une étoile, ni les habitants d'une goutte d'eau... avec nos oreilles qui nous trompent, car elles nous transmettent les vibrations de l'air en notes sonores. Elles sont des fées qui font ce miracle de changer en bruit ce mouvement et par cette **métamorphose** donnent naissance à la musique, d'autant plus plaisante qu'elle rend chantante l'agitation de la nature... avec notre **odorat** plus faible que celui d'un chien... avec notre goût qui peut à peine discerner l'âge d'un vin !

Ah ! si tant est que nous ayons d'autres organes qui accompliraient en notre faveur d'autres miracles, que de choses nous pourrions découvrir encore autour de nous. Mais nous n'y pouvons rien changer ; il n'y a ni organe, ni miracle !

Tout cela est bien mystérieux... et inquiétant. La suite du journal du narrateur vient confirmer qu'il se passe quelque chose d'étrange. En effet le 16 mai... Mais lisez vous-même la suite en ouvrant votre livre à la page 10.

LEÇON 34 Le futur et le conditionnel présent

- Faire :
– reconnaître dans les exemples suivants les futurs des conditionnels présents ;
– observer les terminaisons ;
– analyser la différence de sens existant entre les deux exemples.

EXEMPLES

1. Je partir**ai** quand j'aur**ai** reçu mon passeport (→ Nous *partirons* quand nous aurons reçu notre passeport. *Certitude*)
2. J'ai déclaré que je partir**ais** quand j'aur**ais** reçu mon passeport. (→ Nous avons déclaré que nous *partirions* quand nous aurions reçu nos passeports. *Idée de condition*)

RÈGLES

- **Règles de formation**

D'une façon générale, le futur et le conditionnel se forment en ajoutant à l'infinitif les désinences caractéristiques de leurs temps :
Futur : infinitif + *-ai, -as, -a, -ons, -ez, -ont*.
Conditionnel présent : infinitif + désinences de l'imparfait *-ais, -ais, -ait, -ions, -iez, -aient*.

Ex. : *partir + ai → je partirai ; plier + ait → il plierait ; conclure + a → conclura.*

– Au futur et au cond. présent, les verbes en *-eler* et en *-eter* prennent deux *l* ou deux *t* (*il appellera, il jetterait*).
– Les verbes en *-yer* changent l'*y* en *i* (*il nettoiera, ils nettoieraient*).
– Les verbes *mourir, courir, acquérir* et ceux de leur famille perdent le *i* de leur infinitif et se retrouvent donc avec deux *r* au futur et au cond. présent (et à ces deux temps-là seulement.)

Ex. : *mourir + ai → mourirai : mourrai* (futur)
courir + ais → courirais : courrais (cond. prés.)

– Parmi les verbes les plus usuels, beaucoup ont un futur et un conditionnel irréguliers (*faire → ferai ; aller → irai ; voir → verrai,* etc.).

- **Règles d'utilisation**

La 1re personne du singulier du futur simple et celle du conditionnel présent ont presque la même prononciation. Pour éviter la confusion remplacer mentalement le verbe par la personne correspondante au pluriel (ex. 1 et 2).

RÉSUMÉ

Lassé par une fièvre pernicieuse, le narrateur décide d'effectuer un petit voyage afin d'échapper à cette torpeur qui l'envahit. Ses pas le conduisent vers le mont Saint-Michel. Il fait la connaissance d'un étrange moine qui lui sert de guide.

- Faire :
– repérer les futurs de l'indicatif et les présents du conditionnel ;
– découvrir les sujets des verbes conjugués à ces temps ;
– apprendre les mots en gras ;
– Attention aux accents circonflexes (revoir au besoin la leçon 1).
- Dicter la ponctuation.

DICTÉE (d'après Guy de Maupassant, *Le Horla*)

– «Des histoires, des vieilles histoires, **pour sûr**, monsieur, qu'il en existe. Et même des légendes. Les gens du pays que vous verrez, ceux du mont par exemple, prétendront qu'on entend parler la nuit dans les sables, puis qu'on entend **bêler** deux chèvres, l'une avec une voix forte, l'autre avec une voix faible. Les incrédules affirmeront que ce sont les cris des oiseaux de mer, qui ressembleraient **tantôt** à des bêlements, et tantôt à des plaintes humaines. Les **pêcheurs** attardés jureront avoir rencontré, **rôdant** sur les dunes, entre deux marées, autour de la petite ville jetée ainsi loin du monde, un vieux berger, dont on ne verrait jamais la tête couverte de son manteau, et qui conduirait, en marchant devant eux, un bouc à figure d'homme et une chèvre à figure de femme...»

Je dis au moine : «Y croyez-vous ?»

Il murmura : «Je ne sais pas.»

Je repris : «S'il existait sur la terre d'autres êtres que nous, comment ne les connaîtrions-nous point depuis longtemps ; comment ne les auriez-vous pas vus, vous ? comment ne les aurais-je pas vus, moi ?»

Il répondit : «Est-ce que nous voyons la millième partie de ce qui existe ?»

Existe-t-il sur terre d'autres êtres que nous, des êtres invisibles ? Le narrateur semble en être de plus en plus convaincu et le moine qui l'accompagne tient des propos pour le moins étranges. Si vous voulez en savoir davantage, ouvrez votre livre à la page 16.

LEÇON **35** **Les verbes à modification de radical**

Verbes en *-cer, -ger, -yer, -eler, et -eter*

- Faire :
- observer la façon dont s'écrit le verbe dans les exemples donnés ;
- chercher d'autres verbes se conjuguant sur le même modèle ;
- mettre au singulier les phrases au pluriel et vice versa.

EXEMPLES

1. Quand nous **commençons** à tracer un sillon, nous **avançons** lentement. Jadis je **balançais** beaucoup trop les bras en **ensemençant** la terre.
2. Tu **exigeais** qu'elle **hébergeât** ce malheureux.
3. Il **distinguait** les lettres sans se **fatiguer**.
4. Il **appelle** tous les numéros que j'ai **jetés**.
5. J'**essuie**, je **balaie** mais je refuse que nous **payions**.

RÈGLES

- **Verbes en** ***-cer***

Comme dans tous les mots français, le *c* prend une cédille devant *a, o, u* pour avoir le son [s]. Ainsi trouve-t-on un *ç* au présent (1re pers. du plur.), à l'imparfait de l'ind. et du subj., au passé simple et au participe prés. (ex. 1).

- **Verbes en** ***-ger***

Les verbes en *-ger* prennent un *e* muet après le *g* devant *a* et *o*, pour conserver à la lettre *g* le son [z] **de *je***. Les formes concernées sont les mêmes qu'à la rubrique précédente (ex. 2).

Les verbes terminés en *-guer* se conjuguent régulièrement et conservent le *u* de leur radical à toutes les personnes et à tous les temps (ex. 3).

- **Les verbes en** ***-yer***

Les verbes en *-yer* changent l'*y* en *i* devant un *e* muet, c'est-à-dire au présent de l'ind. et du subj. (sauf 1re et 2e pers. plur. de l'ind.), au futur et au conditionnel présent (ex. 5).

On trouve un *i* après l'*y* aux deux premières pers. du plur. de l'imparfait de l'ind. et au présent du subj. (ex. 5).

- **Les verbes en** ***-eter*** **et en** ***-eler***

Un bon nombre de verbes en *-eter* et en *-eler*, conjugués sur le modèle de *jeter* et de *appeler*, doublent le *l* ou le *t* :

– **quand le son qui précède la consonne est un [ɛ]** (= è ouvert de *père*) : j'appelle ; je jetterai ;
– **quand le son qui suit la consonne est un *e* muet** : j'appelle, je jetterai.

Plusieurs verbes, conjugués sur le modèle de *geler* et de *acheter*, ne doublent pas la consonne mais indiquent par un accent grave la différence de prononciation entre les personnes (j'achète, nous achetons ; il gèle, il gelait).

Il s'agit des verbes suivants et de leurs composés :

acheter, corseter, crocheter, fureter, haleter, celer, ciseler, démanteler, écarteler, marteler, modeler, peler, geler, congeler, dégeler.

RÉSUMÉ

Au cours d'un dîner chez sa cousine, le narrateur rencontre le docteur Parent qui s'occupe des maladies nerveuses et tente des expériences d'hypnotisme. Devant l'incrédulité du narrateur et de sa cousine, le docteur Parent va tenter une expérience sur cette dernière.

- Faire :
– lire le texte une fois par l'élève ;
– repérer les verbes en *-cer, -yer, -ger, -eter*, etc.
– apprendre les mots en gras.

DICTÉE (d'après G. de Maupassant, *Le Horla*)

Ma cousine, très incrédule aussi, souriait. Le docteur Parent lui dit : «Voulez-vous que j'essaie de vous endormir, madame ?

– Oui, je veux bien.»

Elle s'assit dans un **fauteuil** et il commença à la regarder fixement en la **fascinant**. Moi, je me sentis soudain un peu troublé, le cœur battant, la gorge **serrée**. Je voyais les yeux de Mme Sablé s'**alourdir**, sa bouche se crisper, sa poitrine haleter.

Au bout de dix minutes, elle dormait.

«Mettez-vous derrière elle», dit le médecin.

Et je m'assis derrière elle. Il lui plaça entre les mains une carte de visite en lui disant : «Ceci est un miroir ; que voyez-vous dedans ?» Elle répondit : «Je vois mon cousin. (...) Il tira de sa poche une photographie. (...) C'était vrai ! Et cette photographie venait de m'être livrée, le soir même, à l'hôtel. (...) Donc elle voyait dans cette carte, dans ce carton blanc, comme elle eût vu dans une glace (...).

En rentrant à l'hôtel, je songeai à cette curieuse séance et des doutes m'**assaillirent** non point sur l'absolue, sur l'**insoupçonnable** bonne foi de ma cousine, que je connaissais comme une sœur, depuis l'enfance, mais sur une supercherie possible du docteur.

LEÇON 36 Participe présent, gérondif, adjectif verbal

- Faire :
– décrire les différences existant entre les formes en *ant* ;
– mettre les phrases au féminin singulier (la flamme), au masculin singulier (le feu), puis au masculin pluriel (les feux) ;
– observer les différences orthographiques.

EXEMPLES

1. Les flammes, **dansant** dans l'âtre, dessinaient des formes fantastiques.
2. Les flammes **dansantes** dessinaient des formes fantastiques.
3. Les flammes dessinaient des formes fantastiques en **dansant** dans l'âtre.

RÈGLES

Le participe présent (ex. 1) **et le gérondif** (ex. 3) **sont toujours invariables. L'adjectif verbal s'accorde en genre et en nombre avec le nom qu'il qualifie** (ex. 2).

- **Critères de reconnaissance**

– Le participe présent peut avoir des compléments, l'adjectif verbal ne le peut pas (ex. 1 et 2).
– le gérondif est toujours précédé de *en* (ex. 3).

- **Cas particuliers**

Les verbes en ***-ger***, ***-guer*** et ***-quer*** ainsi que quelques autres présentent une orthographe différente aux participe présent, gérondif et à l'adjectif verbal.

PARTICIPE PRÉSENT		ADJECTIF VERBAL	
adhérant	communiquant	adhérent(e)	communicant(e)
convainquant	convergeant	convaincant(e)	convergent(e)
différant	excellant	différent(e)	excellent(e)
fatiguant	intriguant	fatigant(e)	intrigant(e)
négligeant	précédant	négligent(e)	précédent(e)
provoquant	résidant	provocant(e)	résident(e)

A noter que les noms communs formés sur ces verbes prennent généralement la forme de l'adjectif verbal (un adhérent, un affluent, un président, un résident, etc.).

RÉSUMÉ

Curieuse expérience que celle de l'hypnotisme ! L'univers est une source de mystères non révélés ! Un être étrange semble cohabiter avec le narrateur, sa présence devient obsédante.

- Faire :
– lire le texte une fois par l'élève avant de le lui dicter ;
– repérer les participes présents, gérondifs, adjectifs verbaux ;
– observer que le nom des mois ne prend pas de majuscule ;
– apprendre les mots en gras.
- Épeler le nom propre et dicter la ponctuation.

DICTÉE (G. de Maupassant, *Le Horla*)

8 août. – J'ai passé hier une affreuse soirée. Il ne se manifeste plus, mais je le sens près de moi, m'épiant, me regardant, me pénétrant, me dominant et plus redoutable, en se cachant ainsi, que s'il signalait par des **phénomènes** surnaturels sa présence invisible et constante.

J'ai dormi pourtant.

9 août. – Rien, mais j'ai peur.

10 août. – Rien ; qu'arrivera-t-il demain ?

11 août. – Toujours rien ; je ne puis plus rester chez moi avec cette crainte et cette pensée entrées en mon âme ; je vais partir.

12 août, 10 heures du soir. – Tout le jour j'ai voulu m'en aller ; je n'ai pas pu. J'ai voulu accomplir cet acte de liberté si facile, si simple, – sortir – monter dans ma voiture pour gagner Rouen – je n'ai pas pu. Pourquoi ?

13 août. – Quand on est atteint par certaines maladies, tous les **ressorts** de l'être physique semblent brisés, toutes les énergies **anéanties**, tous les muscles **relâchés**, les os devenus **mous** comme la chair et la chair liquide comme de l'eau. J'éprouve cela dans mon être moral d'une façon étrange et désolante. Je n'ai plus aucune force, aucun courage, aucune domination sur moi, aucun pouvoir même de mettre en mouvement ma volonté. Je ne peux plus vouloir ; mais quelqu'un veut pour moi ; et j'obéis.

Quelle est donc cette force mystérieuse qui s'est saisie du narrateur et qui le laisse sans force ni volonté ? Tout cela est bien inquiétant, d'autant que le 14 août le narrateur écrit dans un mouvement de désespoir «Je suis perdu !». Mais lisez donc vous-même la suite page 33.

LEÇON

37 Le participe passé des verbes pronominaux

● Faire :
– observer la façon dont s'écrit le verbe dans les exemples donnés ;
– chercher d'autres verbes se conjuguant sur le même modèle ;
– mettre au singulier les phrases au pluriel et vice versa.

EXEMPLES

1. Elles se sont absent**ées** quelques instants.
2. Ils se sont aper**çus** de ma bonne foi.
3. Elles se sont batt**ues**.
4. Les faits se sont succéd**é** rapidement.
5. Ils se sont constr**uit** une maison de campagne.
6. J'ai vu la maison qu'ils se sont constr**uite**.
7. Elle s'est coup**ée**.
8. Elle s'est coup**é** les cheveux.

RÈGLES

● Le participe passé s'accorde en genre et en nombre avec le sujet si le verbe n'existe qu'à la forme pronominale (ex. 1) et si le pronom *se* est inséparable du verbe suivi d'un complément d'objet indirect (ex. 2).

● Si le verbe n'est pas suivi d'un complément et si *se* peut être considéré comme une particule séparable du verbe,
– le pronom *se* est complément d'objet direct et le participe s'accorde (ex. 3) ;
– le pronom *se* est complément d'objet indirect et le participe est invariable (ex. 4).

● Si le verbe est suivi d'un complément d'objet direct le participe reste invariable (ex. 5 et 8).

Si le complément d'objet direct est placé avant le verbe, le participe s'accorde en genre et en nombre avec l'objet (ex. 6).

● **Méthode pratique**

Les verbes pronominaux se conjuguent aux temps composés avec l'auxiliaire *être*. On serait donc en droit de penser que l'accord du participe passé se fait avec le sujet ; il n'en est rien et **il convient pour les verbes pronominaux de remplacer mentalement l'auxiliaire *être* par l'auxiliaire *avoir* et de suivre les règles d'accord de ce dernier** (cf. leçon 6).

RÉSUMÉ

Le 19 août, le narrateur trouve une explication à ce mal étrange qui le ronge en lisant la Revue du Monde scientifique *: une épidémie de folie s'est déclarée au Brésil. Elle ravage tout le pays, ne laisse pas d'inquiéter les savants et présente de curieuses analogies avec le mal dont souffre le narrateur. Tout lui semble clair maintenant.*

- Faire :
  - lire le texte par l'élève avant de le lui dicter ;
  - repérer puis analyser les terminaisons des participes passés des verbes pronominaux ;
  - observer les mots commençant par une majuscule ;
  - apprendre les mots en gras.
- Dicter la ponctuation, signaler éventuellement les mots commençant par une majuscule.

DICTÉE (d'après Guy de Maupassant, *Le Horla*)

Je me rappelle le beau trois-mâts brésilien qui s'était plu à passer sous mes fenêtres en remontant la Seine, le 8 mai dernier ! Je sais maintenant que c'est sur ce splendide bateau que ma mauvaise fortune présente s'est jouée. Je le trouvais si joli, si blanc, si gai ! L'Etre était dessus, venant de là-bas, où sa race était née et où elle s'était développée. Et il m'a vu ! Il a vu la demeure blanche que je me suis bâtie ; et il a sauté du navire sur la rive. Oh ! mon Dieu !

A présent, je sais, je devine. Depuis l'aube des temps, les règnes se sont succédé et aujourd'hui le règne de l'homme est fini.

Il est venu, Celui que redoutaient les premières terreurs des peuples naïfs, Celui qu'**exorcisaient**[1] les prêtres inquiets et pour lequel ils se sont même imposé des sacrifices. Après les grossières conceptions de ceux qui se sont complu dans l'épouvante primitive, des hommes plus perspicaces l'ont pressenti plus clairement. Ils ont joué avec cette arme du Seigneur nouveau, la domination d'un mystérieux vouloir sur l'âme humaine devenue esclave. Ils ont appelé cela **magnétisme**[2], **hypnotisme, suggestion**[3] ... que sais-je ? Toutes ces théories se sont évanouies pour moi aujourd'hui. Je les ai vus s'amuser comme des enfants imprudents avec cette horrible puissance ! Malheur à nous ! Malheur à l'homme !

Si vous voulez savoir comment va évoluer la folie du héros, reportez-vous à la page 39 de votre livre...

1. *Exorciser* : chasser les démons du corps d'un possédé à l'aide de formules rituelles.
2. *Magnétisme* : terme employé en physique pour caractériser la propriété des aimants ; le mot s'emploie également pour définir le pouvoir exercé par certains individus (magnétiseurs) sur d'autres individus. 3. *Suggestion* : parfois proposition, remarque, conseil ; ici : influence exercée sur quelqu'un à qui l'on dicte une conduite à suivre.

LEÇON 38 Le participe passé suivi d'un infinitif

• Faire observer l'orthographe du participe passé suivi d'un infinitif ; tenter de discerner le sens actif de l'infinitif (= participe présent) du sens passif (= *être* + participe passé).

EXEMPLES

1. Les violonistes que j'ai **entendus jouer** étaient excellents.
2. Les airs que j'ai **entendu jouer** étaient charmants.
3. Je les ai **vus sortir**.
4. Ces arbres, que j'avais **vus grandir**, je les ai **vu abattre**.
5. Ces personnes, je les ai **fait venir**.

RÈGLES

• **Participe passé employé avec l'auxiliaire *avoir* et suivi d'un infinitif**

L'accord se fait si le complément d'objet direct, placé avant le participe, fait l'action exprimée par l'infinitif. On peut mentalement remplacer l'infinitif dans ce cas par «en train de», ou par un participe présent (ex. 1 → Les violonistes que j'ai entendus *en train de jouer* ou *jouant*).

Dans le cas contraire le participe reste invariable. On peut mentalement le remplacer par «*être* + participe passé» ou le faire suivre par un complément introduit par *par* (ex. 2 → Les airs que j'ai entendu *être joués* ou que j'ai entendu jouer *par les musiciens*).

Le participe *fait* suivi d'un infinitif est invariable (ex. 5).

RÉSUMÉ

L'analyse ni la logique ne peuvent secourir le pauvre homme. Et pourtant il faut en finir avec ce Horla qui s'introduit partout, il faut s'en débarrasser. Mais comment parvenir à saisir cet être démoniaque ? Une terreur panique s'empare du narrateur.

- Faire :
  – lire le texte une fois par l'élève avant de le lui dicter ;
  – observer l'orthographe des participes passés ;
  – apprendre les mots en gras.
- Dicter les points, points d'exclamation, de suspension et d'interrogation.

DICTÉE (d'après Guy de Maupassant, *Le Horla*)

Je faisais semblant d'écrire, pour le tromper, car il m'épiait lui aussi ; et soudain, je sentis, je fus certain qu'il lisait par-dessus mon épaule, qu'il était là, **frôlant** mon oreille.

Je me suis dressé, les mains tendues, en me tournant si vite que j'ai failli tomber. Eh bien ?... on y voyait comme en plein jour, et je ne me vis pas dans ma glace ! Cette glace pourtant, je l'avais vue refléter mon image normalement le matin même ! Et à cette heure, elle était vide, claire, profonde, pleine de lumière ! Mon image n'était pas dedans... et j'étais en face, moi ! Je voyais le grand verre limpide du haut en bas. Et je regardais cela avec des yeux **affolés** ; et je n'osais plus avancer, je n'osais plus faire un mouvement, sentant bien pourtant qu'il était là, mais qu'il m'**échapperait** encore, lui dont le corps **imperceptible** avait dévoré mon reflet.

Comme j'eus peur ! Puis voilà que tout à coup je commençai à m'**apercevoir** dans une brume, au fond du miroir, dans une brume comme à travers une **nappe** d'eau ; et il me semblait que cette eau glissait de gauche à droite, lentement, rendant plus précise mon image, de seconde en seconde. C'était comme la fin d'une éclipse. Ce qui me cachait ne paraissait point posséder de contours **nettement** arrêtés, mais une sorte de transparence opaque, s'éclaircissant peu à peu.

Je pus enfin me distinguer complètement, ainsi que je le fais chaque jour en me regardant.

Je l'avais vu ! L'épouvante m'en est restée, qui me fait encore **frissonner**.

LEÇON 39 Les mots invariables

- Faire :
– lire la liste ;
– noter et apprendre les mots sur lesquels l'élève hésite puis dicter quelques mots pris au hasard dans la liste.

Il nous a semblé utile et nécessaire qu'apparaisse dans notre guide orthographique, une liste, sommaire certes, des mots invariables de grande fréquence dont la connaissance est indispensable. En effet, combien de fois trouvons-nous mal orthographiés des mots comme *parmi* et *malgré* ! Les mots suivants doivent être connus et sus d'autant plus qu'ils ne peuvent pas varier. Ont été imprimés en caractères gras ceux sur lesquels on trouve le plus souvent de fautes.

ailleurs
ainsi
alors
après
assez
aujourd'hui
auparavant
aussi
aussitôt
autant
autrefois
avant
beaucoup
bientôt
cependant
certes
chez
combien
d'abord
dans
davantage
dehors
dedans
depuis
désormais
dessous
dessus
devant
durant
envers
environ
exprès
guère
hier
jadis
jamais
loin
longtemps
lors
lorsque
mais
maintenant
malgré
mieux
moins
naguère
néanmoins
parfois
parmi
pendant
plus
pourtant
puis
quand
quelquefois
à reculons
sans
selon
sitôt
sous
tant
tant mieux
tant pis
tantôt
à tâtons
tôt
travers
très
toujours
vers
volontiers

RÉSUMÉ

Sentant partout autour de lui la présence de cet être mystérieux, le narrateur en pleine folie décide de l'enfermer dans une pièce et de mettre le feu à sa maison pour se débarrasser définitivement de lui.

- Faire :
  - lire le texte par l'élève avant de le lui dicter ;
  - repérer les mots invariables dans le texte ;
  - apprendre les mots en gras.
- Dicter la ponctuation.

DICTÉE (d'après Guy de Maupassant, *Le Horla*)

Tout à coup, je compris qu'il s'agitait autour de moi, parmi mes affaires, qu'il avait peur à son tour, qu'il m'**ordonnait** de lui ouvrir. Je faillis céder ; je ne cédai pas, mais m'adossant à la porte, je l'**entrebâillai**, tout juste assez pour passer, moi, à reculons ; et comme je suis très grand, malgré la hauteur des murs ma tête touchait au linteau[1] J'étais sûr qu'il n'avait pu s'échapper et je l'enfermai, tout seul, tout seul. Quelle joie ! Je le tenais ! Alors je descendis en courant ; je pris dans mon salon, sous ma chambre, mes deux lampes et je renversai toute l'huile sur le tapis, sur les meubles, partout ; puis j'y mis le feu, et je me sauvai, après avoir bien refermé, à double tour, la grande porte d'entrée.

J'allai me cacher au fond de mon jardin, dans un massif de lauriers et j'attendis longtemps. Comme ce fut long ! Tout était noir, muet, **immobile** ; pas un **souffle** d'air, pas une étoile, des montagnes de nuages qu'on ne voyait point, mais qui pesaient sur mon âme.

Je regardais ma maison et j'attendis une heure environ. Comme ce fut long ! Je croyais déjà que le feu s'était éteint tout seul, ou qu'il l'avait éteint, Lui, quand une des fenêtres d'en bas creva sous la poussée de l'incendie, et une flamme, une grande flamme rouge et jaune, longue, molle, **caressante**, monta le long du mur blanc et le baisa jusqu'au toit. Une lueur courut dans les arbres, dans les branches, dans les feuilles, et un frisson, un frisson de peur aussi.

... Mais au milieu des flammes s'élève un cri suraigu... (p. 45).

1. *Linteau* : pièce horizontale qui ferme la partie supérieure d'une ouverture et soutient la maçonnerie.

LEÇON 40 Révisions

- La dictée que nous vous proposons va permettre à l'élève de récapituler les connaissances acquises au cours des leçons précédentes. Dans la mesure du possible, les mots en caractères gras des dictées déjà effectuées y figurent.
- Faire réviser les règles et les mots avant d'aborder la dictée qui ne doit pas être lue préalablement par l'élève.

DICTÉE (D'après G. de Maupassant, *Le Horla*)

Rien ne bougeait parmi les herbes folles du jardin. On ne distinguait aucun bruit dans la nuit noire, on n'y discernait aucune lueur. Puis tout à coup les événements se sont précipités. Les oiseaux se sont réveillés, affolés. Un chien s'est mis à hurler. Malgré la nuit profonde, il me sembla que le jour se levait ! Deux fenêtres éclatèrent presque aussitôt, et ce fut le plus impressionnant spectacle que je vis jamais et que jamais plus je ne verrai, j'espère. Toutes les pièces du bas de ma demeure n'étaient plus qu'un effrayant brasier. Immobile, frissonnant, le souffle court, j'apercevais maintenant nettement toutes les richesses que j'avais pu amonceler depuis trente ans environ, assaillies par les flammes. Tantôt le feu se jetait à l'assaut de mon vieux fauteuil dont les ressorts relâchés pendaient lamentablement, tantôt, fatigué par de tels efforts, il allait caresser la nappe de dentelle disposée sur la table de la salle à manger, la frôlant de sa langue avide, comme pour dévorer les restes d'un excellent repas. Ma maison brûlait et avec elle celui que j'appelais le Horla.

Mais un cri terrifiant, déchirant, passa dans la nuit et deux mansardes s'ouvrirent brusquement. C'étaient mes domestiques affolés, agitant les bras en tous sens. Je leur avais donné congé pour la journée et j'avais cru par conséquent qu'ils s'étaient absentés. Quelques villageois, qui avaient entendu crier, arrivaient maintenant à la rescousse.

EXERCICES

1) *E comme exercice, E comme égayant, mais attention E aussi comme égaré !*

Les mots sont les uns dans les autres. La fin de l'un est le début du suivant. Déroulez la chaîne.

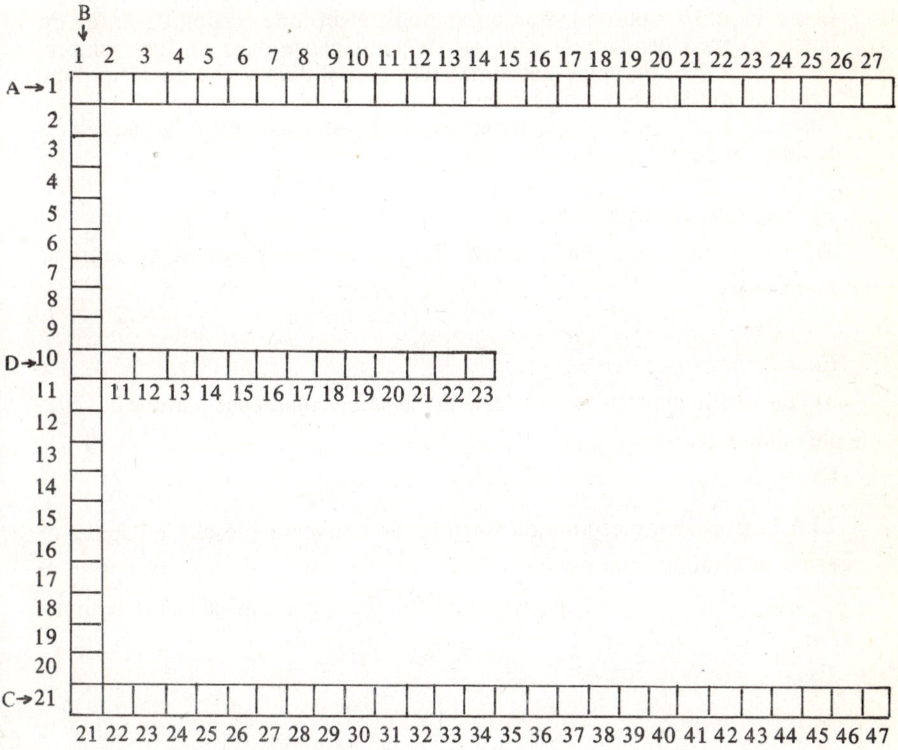

A Cases 1 à 5 : préposition signifiant *dedans, au milieu de.*
Cases 4 à 8 : adjectif numéral cardinal : *dix fois cent.*
Cases 7 à 14 : 1re personne du singulier du conditionnel présent du verbe du premier groupe signifiant *faire mouvoir de bas en haut.*
Cases 11 à 19 : adjectif au féminin singulier signifiant *conforme aux règles du raisonnement.*
Cases 19 à 24 : adverbe signifiant *délibérément, intentionnellement.*
Cases 21 à 27 : adverbe signifiant *à peu près, quasi.*

B Cases 1 à 7 : préposition exprimant la simultanéité (exemple : «Il n'a rien fait . . . . . toute la journée»).
Cases 5 à 14 : en grammaire, mot représenté par le pronom qui le reprend.
Cases 10 à 16 : adjectif au féminin singulier signifiant *qui a perdu une partie ou la totalité de ses dents.*
Cases 16 à 21 : préposition signifiant *en face, vis à vis de, à l'égard de.*

C Cases 21 à 25 : préposition signifiant *conformément (à), suivant.*
Cases 23 à 31 : adverbe signifiant *pendant un long espace de temps.*
Cases 30 à 39 : dénomination choisie par une personne pour masquer son identité.
Cases 38 à 41 : 2e pers. du sing. du présent d'un verbe du 3e groupe signifiant *affirmer ce qu'on sait être faux.*
Cases 39 à 47 : participe passé au féminin singulier d'un verbe du 2e groupe signifiant *enterrer.*

D Cases 10 à 14 : nom masculin singulier signifiant *alarme, alerte.*
Cases 11 à 19 : petite lampe ou ampoule électrique éclairant peu, qu'on laisse allumée pendant la nuit ou en permanence dans un lieu sombre.
Cases 17 à 20 : participe passé masculin pluriel d'un verbe du 1er groupe signifiant *détérioré, vieux, fatigué.*
Cases 18 à 23 : «. . . . . . , ouvre-toi». Formule magique qui fait accéder à quelque chose.

2) *Complétez les règles suivantes :*

a) Le participe passé employé avec l'auxiliaire *avoir* s'accorde en genre et en nombre avec . . . .

. . . .

Ex. : . . . .

b) Pour distinguer *on* de *on n'* lorsque le verbe commence par une voyelle, le plus simple est de . . . .

Ex. : . . . .

c) A la troisième personne du singulier de l'indicatif présent, les verbes ne peuvent se terminer que par . . . . . , ... , ou . . . . . (à l'exception de . . . . , ... , ... et de ses composés). Ils ne peuvent jamais se terminer par un . . . . . .

Ex. : . . . .

Exercices

1) *Séparez les mots suivants par syllabes et accentuez-les là où cela est nécessaire.*

la television ; terrible ; elevation ; estival ; un ete ; etre ; un percolateur ; un pere ; une perdrix ; un temoin ; une attestation ; un regret ; regretter ; detester ; desesperer ; reflechir ; s'empresser ; interpreter ; tetu ; une tete ; un hetre ; je m'appelle ; deceler ; je jette ; un repere.

2) *Placez les accents et les trémas sur les mots des phrases suivantes :*

a) Chere Maman, cher Papa, chers freres et sœurs. Des que je suis arrive chez grand-mere, nous sommes alles faire une promenade en foret du cote des etangs.

b) Grand-mere a cru que je n'aimais pas marcher mais elle a du reviser son jugement quand elle m'a vu si sur de moi. Elle m'a dit en souriant que puisque je voulais jouer les caids, je n'avais qu'a porter le sac a dos.

c) Au bout de cinq kilometres, les courroies du sac me blessaient les epaules et je la traitais de bourreau. Elle rit et me repliqua d'une voix aigue que j'etais egoiste parce que je voulais garder le sac tout le temps.

d) Nous avons ramasse beaucoup de champignons. Dire que ce sont des moisissures, je ne peux y croire ! Grand-mere a porte le sac au retour. Il etait lourd.

e) Nous avons mange le soir de Noel une salade de champignons. Grand-mere avait sorti sa vaisselle de faience et avait orne la salle a manger de glaieuls. Nous nous sommes regales ! Et pourtant j'ai oui-dire que certains haissent cela.

f) Je pense a vous, je vous embrasse, a bientot.

3) *Trouvez :*

a) cinq noms comportant deux accents aigus :

Noël ____________ ____________

____________ ____________

____

b) cinq noms comportant un accent aigu et un accent grave :

____________ ____________

____________ ____________

____

c) trois noms comportant un accent circonflexe et un accent aigu

____________ ____________

____

d) dix noms comportant un tréma :

_______________ _______________

_______________ _______________

_______________ _______________

_______________ _______________

_______________ _______________

LEÇON 2

1) *Rayez la mention inutile. Quand il y a une erreur, écrivez la forme correcte du verbe dans la colonne de droite..*

1. Je moud	EXACT	FAUX	_______________
2. Nous mangons	EXACT	FAUX	_______________
3. Elles prennent	EXACT	FAUX	_______________
4. Il bats	EXACT	FAUX	_______________
5. Tu met	EXACT	FAUX	_______________
6. Vous priez	EXACT	FAUX	_______________
7. On conclue	EXACT	FAUX	_______________
8. Elle absoud	EXACT	FAUX	_______________
9. Tu sens	EXACT	FAUX	_______________
10. Il connais	EXACT	FAUX	_______________

2) *L'imprimeur a mal réglé sa machine ; les lettres qui devaient apparaître dans les étiquettes sont absentes. Pouvez-vous retrouver la lettre qui devait occuper le carré blanc ?*

a) A la première personne du singulier de l'indicatif présent, les verbes en -er prennent un ☐ , les autres verbes prennent un ☐

b) *Pouvoir, vouloir, valoir* prennent un ☐ à la 1re et à la 2e personne du singulier de l'indicatif présent.

c) A la 1re pers. du singulier, à aucun temps et à aucun mode, le verbe ne peut prendre un ☐ .

d) A la 3e pers. de l'indicatif présent, les verbes en - er prennent un ☐ , les autres verbes prennent un ☐ ou un ☐ .

e) A la 2e pers. du singulier de l'indicatif présent, il y a toujours un ☐ ; à l'exception de *pouvoir, vouloir, valoir* qui prennent un ☐ .

3) *Remplissez cette grille en mettant les verbes qui suivent à la personne de l'indicatif présent indiquée par le pronom personnel entre parenthèses.*

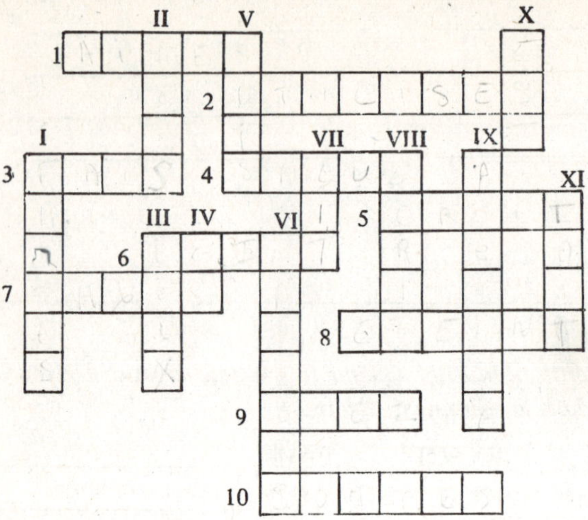

Horizontalement

1. Aimer (tu)
2. Utiliser (tu)
3. Faire (tu)
4. Saluer (je)
5. Croire (il)
6. Peindre (il)
7. Taxer (tu)
8. Éteindre (il)
9. Oter (vous)
10. Etre (nous)

Verticalement

I. Faire (vous)
II. Mentir (je)
III. Pouvoir (je)
IV. Etre (tu)
V. Suivre (tu)
VI. Nager (nous)
VII. Lire (il)
VIII. Écrire (il)
IX. Poétiser (je)
X. Etre (il)
XI. Taire (il)

LEÇON 3

1) *Voici un tableau lisible horizontalement et verticalement et qui comporte huit nombres. Écrivez chacun d'eux en toutes lettres dans les lignes suivantes.*

Lecture horizontale

1. ______________________________
____
2. ______________________________
3. ______________________________

Lecture verticale

4. ______________________________
5. ______________________________
6. ______________________________
7. ______________________________
8. ______________________________

9	2	5	8	1
5	0	0	0	0
	4	3	0	0
		1		1

2) *Écrivez en toutes lettres les nombres dans les phrases suivantes :*

a) Ces 2 . . . . élèves sont insupportables. Ils font les 400 . . . . coups ! Ils sont d'ailleurs tous les deux les 30e . . . . de leur classe.

b) Je vous dois 1 000 . . . . excuses.

c) Il en a vu 36 . . . . chandelles.

d) Cette femme ne paraît pas ses 80 . . . . ans. Son mari lui, en a 83 . . . .

e) Demandez-moi le 714 92 21 . . . .

f) Nous sommes aujourd'hui le 26 . . . . février 1980 . . . .

g) Il est 23 . . . . heures. C'est la 11e . . . . heure du soir.

h) Il me reste très exactement 700 . . . . francs.

i) Le dernier recensement a dénombré 53 000 000 . . . . de français.

j) Cette société multinationale fait 15 000 000 000 . . . . de dollars de bénéfices tous les ans.

LEÇON 4

1) *Écrivez le mot qui convient* (leur *ou* leurs) *et précisez sa nature (pronom personnel invariable, adjectif possessif, pronom possessif).*

1. . . . . . . frégates firent un bond et se trouvèrent à portée de nos canons. (. . . . .).

2. La nuit et le brouillard . . . . . . permettaient de ne pas être aperçus. (. . . . .).

3. Déjà nos deux flancs crachaient à bout portant . . . . . . tonnerre de feu. (. . . . .).

4. Nos matelots gardaient . . . . calme (. . . . .) ; les . . . . . . couraient en tous sens. (. . . . .).

5. Je contemplais le rougeoiement de l'une de . . . . . . frégates incendiée par la canonnade. (. . . . .).

2) *Le typographe a oublié de mettre certains mots au moment de la composition des phrases. Il se retrouve maintenant avec eux en vrac. Aidez-le à les placer aux bons endroits :* leur ; leurs ; bâbord ; tribord ; or ; hors ; la canonnade ; affolement ; aperçut.

. . . . bateaux arrivaient par notre côté droit. Le capitaine donna donc l'ordre de virer à . . . . pour nous maintenir . . . . de leur portée. . . . . la vigie . . . . de ce côté-là aussi des navires qui fouettaient vers nous. Nous étions encerclés mais nous n'avions pas dit notre dernier mot ; il . . . . faudrait durement se battre car nous étions décidés à vendre chèrement notre peau. Le capitaine changea ses batteries, de la gauche les plaça à . . . . et ordonna . . . . Sur le navire ennemi ce fut l'. . . . .

LEÇON 5

1) *Dans les phrases suivantes, mettez le verbe à l'imparfait ou au passé simple.*

1. Je dorm . . . . . profondément quand il entr . . . . . dans ma chambre.
2. Comme le soleil brill . . . . . , je décid . . . . . d'aller me promener.
3. Si j'ét . . . . . riche, je mangerais au restaurant tous les jours.
4. Il déjeun . . . . . tous les jours à deux heures.
5. Ce jour là il déjeun . . . . . en un quart d'heure et sort . . . . .
6. Quand je le trouv . . . . . il était tout petit.
7. En huit ans César conqu . . . . . la Gaule.

2) *Voici une série de verbes. Chacun doit trouver sa place dans l'une des phrases suivantes à l'imparfait ou au passé simple. Mais attention de ne pas vous tromper de temps* (Connaître ; enchanter ; dormir ; finir ; craindre ; décliner ; envahir ; pleuvoir ; rentrer ; voir ; se coucher ; avoir).

1. Il . . . . abondamment quand ils . . . . de promenade.
2. Le jour . . . . de minute en minute et bientôt la nuit . . . . toute chose. Nous ne . . . . pas à dix mètres et nous . . . . beaucoup de difficultés à retrouver notre chemin.
3. Mathilde . . . . même un instant de devoir passer la nuit à la belle étoile. Cela ne nous . . . . guère car nous n'avions pas prévu un tel déluge.
4. Mais heureusement Paul et moi . . . . un peu la région et l'aventure se . . . . bien.

5. Nous nous . . . . de bonne heure et le lendemain, à midi, nous . . . . encore.

3) *Quelques fautes ont été commises en recopiant les verbes suivants. Corrigez-les vite au crayon rouge.*

1. Je lisais mon journal quand le télépho-
ne a sonné. Je me levais et le décrochai.
2. Toutes les fois qu'il buvait, il s'enivrait.
3. « une grenouille vit un boeuf qui
lui semblât de belle taille » (La Fontaine).
4. Si nous n'avions pas été là le train
déraillait.
5. La catastrophe fût évitée grâce à
notre présence. Cela nous valût les
félicitations des voyageurs.

LEÇON 6

1) *Le typographe s'est parfois trompé dans l'orthographe des participes passés. Effectuez les corrections au stylo rouge.*

1. Sandrine est allé à l'école ce matin.
2. J'ai lu tous les livres de la bibliothèque.
3. La belle histoire que Mamie m'a raconté m'a tenu éveillée une partie de la nuit, dit Sophie.
4. Marie a indiquée le chemin à sa sœur.
5. Les garçons étaient parti jouer.
6. La chanson que j'ai chanté a beaucoup plu à tout le monde.
7. Les crayons-feutres que Papa m'a données sont déjà tout secs.
8. Les petites filles sont sortie de la classe.
9. Le vase de fleurs que j'ai posé sur la table risque de tomber.

2) *Récrivez les phrases de l'exercice précédent en remplaçant le premier élément par le début indiqué ci-dessous.*
Ex. 1 : Jean est allé à l'école ce matin.
Attention aux terminaisons des participes passés.

2. Elle . . . .

3. Le beau conte . . . .

. . . .

4. Il . . . .

5. Les filles . . . .

6. Le chant . . . .

7. Les gommes . . . .

8. Les garçons . . . .

9. La plante verte . . . .

3) *Nous avons récrit ici la suite de cette bouleversante scène entre Antoine et Soledad mais nous n'avons pas inscrit les participes passés qui découlent des verbes mis entre parenthèses. Faites-le ; attention aux accords !*

«Soledad ? m'écriai-je (bouleverser) . . . .

– Oui, murmura-t-elle, la tête (incliner) . . . . Que m'importe tout cela ! Tu es bon.»

C'est alors que, (coucher) . . . . sur ma selle, je l'ai (ravir) . . . . à sa voiture, j'ai (talonner) . . . . ma bête à travers des allées (ombrager) . . . . et j'ai (enlever) . . . . Soledad jusqu'à la grève dans une ruée de victoire. Les sabots de mon cheval volant dans le floconnement du flot avaient (soulever) . . . . des gerbes d'écume. Dans une gloire d'écume d'or, dans un vertige d'allégresse, j'avais (emporter) . . . . le prix merveilleux du mensonge. Sur notre monture, (cabrer) . . . . dans le vent qui tordait sa crinière, notre étreinte s'était (enlever) . . . . par-dessus la mer et la nuit.

Longtemps nous avions (courir) . . . . ainsi. Ma monture, que j'avais enfin (arrêter) . . . . tremblait de tous ses muscles. Déposant Soledad sur le sable, je m'étais (agenouiller) . . . . contre elle. Puis nous avions (mêler) . . . . nos lèvres et nos aveux (passionner) . . . .

D'après Robert Margerit, p. 204.

LEÇON 7

1) *Remplissez les blancs par* ou *ou par* où, *par* près de *ou par* prêt à, *par* si, s'il *ou* s'y.

1. Partir . . . . . rester, je ne peux me décider.

2. Je me sens . . . . faire ce voyage et . . . . . j'en diffère la date c'est pour être . . . . ma grand-mère souffrante.

3. Et d'ailleurs . . . . . aller ? . . . . . me fallait partir ce ne serait pas n'importe . . . . . !

4. J'aimerai rester en France . . . . . dans un pays limitrophe. Il faut pouvoir . . . . . rendre facilement.

5. Sandrine doit aller . . . . Nice mais elle prétend ne pouvoir . . . . . rendre seule !

2) *Barrez la mention inexacte et corrigez quand c'est nécessaire.*

1. Parlez aux hommes de leurs affaires s'y vous voulez vous faire un nom.
EXACT FAUX

2. Nous sommes prêt de l'endroit ou nous étions hier.
EXACT FAUX

3. Il l'aurait fait s'il avait osé. EXACT FAUX

4. Mais il ne faut pas si tromper. EXACT FAUX

5. Ou vous partez maintenant, ou vous ne venez pas.
EXACT FAUX

6. Si près du but et échouer. Je ne sais pas si je recommencerais.
EXACT FAUX

7. Si il faisait beau je sortirais. EXACT FAUX

8. Ce garçon est près à tout. Même s'y il doit prendre des risques où en faire courir aux autres. EXACT FAUX

9. Si tu faisais attention, tu aurais remarqué les fautes ou tout au moins une. EXACT FAUX

10. L'exercice est facile ; il suffit de si intéresser.
EXACT FAUX

11. Je te dirai s'il est venu, où il est allé et quand.
EXACT FAUX

12. Si ce n'est pas malheureux ! Si vous saviez comme cela me peine.
EXACT FAUX

13. Il était tout prêt de moi quand c'est arrivé.
EXACT FAUX

14. Où je me trompe, où je rêve mais le voilà revenu.
EXACT FAUX

1) *Entourez en rouge les préfixes dans les mots suivants :*

cosignataire — cosinus — présélection — monosyllabe — désuétude — insensé — antisémite — antiseptique — parasoleil — asepsie — vraisemblable — insondable — préséance — contresens — entresol

2) a) *Les mots suivants comportent tous le son* [s] *ou le son* [z]. *Classez-les dans les colonnes en fonction des consonnes produisant ces sons.*

b) *Complétez éventuellement les colonnes avec les mots de la dictée comportant ces sons. Relevez également dans la dictée les mots comportant un* s *qui ne se prononce pas.*

dix, assez, égoïsme, buste, course, nonobstant, spécial, perçu, Bruxelles, accéder, puce, toison, maison, confidentiel, facétie, rhésus, soixante, usine, transitif, subsister, visser, viser, douce, balsamine, six, soins, sceptre, scinder

s = [s]	ss	s = [z]	t = [s]	c	ç	sc	x = [s]	s non prononcé
......	......	......	......	......	......	......	......	......
......	......	......	......	......	......	......	......	......
......	......	......		......			......	......
......	......	......		......			......	......
......	......	......						......
......	......	......						
......		......						
......		......						
......		......						
......		......						
......								
......								
......								
......								
......								

3) *Trouvez une vingtaine de mots singuliers pour lesquels la lettre* s *ne se prononce pas.*

LEÇON 10

1) *Recopiez les passages en italique du texte suivant en remplaçant le pronom personnel sujet* nous *par le pronom indéfini* on.

La pluie allait-elle tomber ? *Nous n'avions guère* le choix pourtant, *nous devions aller chercher* Tom à la gare. Sans parapluie, *nous avons bravé* le ciel menaçant. *Nous avions à peine quitté* l'auberge que la grêle s'abattait violemment sur nos têtes. *Nous avions encore quatre kilomètres* à parcourir et *nous n'étions plus très sûrs* de pouvoir arriver à temps. Le ciel s'assombrissait, *nous avions omis* de nous munir de lampes de poche pour le retour. Karine gémissait que *nous allions sûrement nous perdre*, que Tom pouvait bien attendre et que *nous n'avions qu'à rebrousser chemin.*

Pour lutter contre le froid, *nous avons allongé* le pas, Karine ne soufflait mot. Certes, *nous avions été peu prévoyants* mais *n'étions-nous pas arrivés* à la gare en même temps que le train de Tom ; l'orage était passé et le ciel s'éclaircissait peu à peu.

2) *Complétez les phrases par* on *ou* on n'.

1. on . a autant d'argent que Paul.
2. C'est lui qu'.on . attrapera.
3. La voiture était en panne, on n' a pas pu venir.
4. Le professeur s'est rendu compte qu'.on . avait guère travaillé.
5. Il est temps qu'.on . ait des vacances.
6. C'est le meilleur match qu'. on . ait jamais vu.
7. on n'. a jamais cru à sa défaite.
8. Crois-tu qu'.on. . ait cette chance ?
9. Comment saura-t-il si . . . . apporte le dessert ?
10. on . hiberne.

3) *De nombreux mots français comportent la lettre* h *à l'initiale ou à l'intérieur ; c'est le cas de tous les termes qui composent cette grille (le* I *vertical apparaît dans le texte de la dictée).*

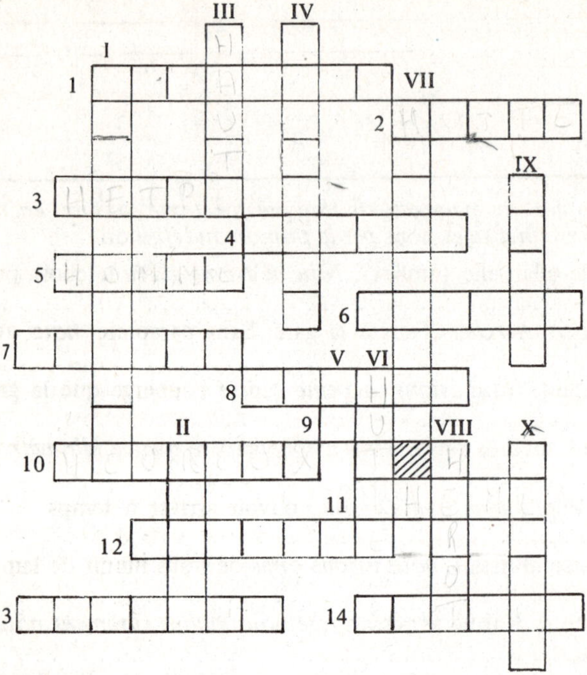

Horizontalement

1. Ensemble des hommes.
2. Le père Noël et le vigneron en portent une sur le dos.
3. Arbre homonyme de *être*.
4. Les châteaux le sont parfois surtout en Écosse.
5. Le complément de la femme.
6. Très laid.
7. Terme servant à caractériser le chemin bordant les rivières et d'où l'on tire les bateaux.
8. Très grande agitation provoquée par des élèves.
9. On peut aussi tirer à dia.
10. Caractère de celui qui connaît le bonheur.
11. Exercice inverse de la version.
12. Ne vole pas.
13. Sert à qualifier à la fois un tableau, un champ, une parole, un bandit ou un baroud.
14. N'est pas très sûr.

Verticalement

I. Se dit d'un ensemble d'objets ou d'êtres très différents de nature.
II. Fleuve passant à Lyon.
III. Le contraire de *basse*.
IV. Très drôle.
V. Interjection.
VI. Petite cabane indienne.
VII. Mécréant.
VIII. Homme qui se couvre de gloire ou personnage principal d'une œuvre.
IX. Buffet bas.
X. Reçoit quelque chose de la part de ses parents.

1) *Les verbes suivants sont-ils au subjonctif ? Répondez en barrant la mention inutile. Indiquez dans la colonne de droite le temps du verbe.*

	Le verbe est au subjonctif.		
1. (que) j'aille	EXACT	FAUX	________
2. (qu')il dormit	EXACT	FAUX	________
3. (que) tu naisses	EXACT	FAUX	________
4. (que) nous vivons	EXACT	FAUX	________
5. (que) vous dites	EXACT	FAUX	________
6. (que) vous lisiez	EXACT	FAUX	________
7. (qu')ils missent	EXACT	FAUX	________
8. (qu')il battit	EXACT	FAUX	________
9. (que) tu cherches	EXACT	FAUX	________
10. (que) je puisse	EXACT	FAUX	________

2) *Remplissez cette grille en mettant les verbes qui suivent à la personne du subjonctif présent indiquée par le pronom personnel entre parenthèses.*

Horizontalement

1. Renvoyer (nous)
2. Aboyer (ils)
3. Avoir (tu)
4. Aimer (tu)
5. Agir (nous)
6. Venir (tu)
7. Etre (il)
8. Aller (ils)

Verticalement

I. Rayer (tu)
II. Avoir (je)
III. Venir (on)
IV. Boire (tu)
V. Suivre (je)
VI. Etre (nous)
VII. Cesser (vous)

3) *Complétez les phrases suivantes par le verbe indiqué entre parenthèses, conjugué au subjonctif imparfait (quatre premières phrases) puis au subjonctif passé (quatre dernières phrases).*

Subjonctif imparfait

1. Je craignais qu'il ne (*venir*) . . . .
2. Croyiez-vous que nous (*pouvoir*) . . . . agir ?
3. Il souhaitait que Bernadette (*épouser*) . . . . Xavier.
4. Quoi que vous (*faire*). . . . . , elle aurait été en colère.

Subjonctif passé

5. Je crains qu'il (*être*) . . . . déraisonnable.
6. Bien qu'elle (*aimer*) . . . . jouer, tout l'univers lui semblait sinistre.
7. J'attends qu'il (*finir*) . . . . son travail.
8. Il est normal qu'il (*se lever*) . . . . lorsqu'elle est entrée.

LEÇON 12

1) *Écrivez les noms composés au pluriel.*

un lave-vaisselle	des lave-vaissell	un passe-partout	. . . .
un coffre-fort	coffre. fort . .	un casse-tête	. . . .
un garde-barrière	garde. barrières	un essuie-main	. . . .
un sourd-muet	sourds-. muets.	un tourne-disque	. . . .
un taille-crayon	taille-crayons	un garde-malade	. . . .
un sous-chef	sous.-. chefs. .	un chasse-neige	. . . .
un tire-bouchon	tire. . bouchons	un réveille-matin	. . . .
un sous-vêtement	. . . .		

2) *Dans chaque phrase, relevez les compléments déterminatifs et dites si l'orthographe est correcte, sinon restituez-la.*

1. Jacques part à la recherche de son ami, cette démarche s'annonce aussi périlleuse que de trouver une aiguille dans une meule de foin.

. . . .

. . . .

2. Le choix de texte est très varié dans cette œuvre.

. . . .

3. Le nombre de cigarettes ne varie pas d'un paquet à un autre.

. . . .

4. Le sirop de fraises manque de saveur.

. . . .

5. J'ai acheté du pain, des endives et trois plaquettes de beurres demi-sel.

. . . .

6. Il a couru vers la maison de briques ; là, aucune trace de passages n'a été relevée, seules les pierres de meulière avaient été déplacées.

. . . .

. . . .

7. Dans le bois de frêne, Mireille a découvert une réserve de faisan.

. . . .

LEÇON 13

1) *Dans la dictée, vous avez trouvé le mot* cheval *dont le pluriel est en* - aux. *Arrêtons-nous un instant sur le son* [o] *lorsqu'il correspond à un pluriel. Terminez les noms suivants, tous au pluriel, en reliant le début du mot soit à la bulle en* - eaux, *soit à la bulle en* - aux, *soit à la bulle en* - aus. *Pour éviter les erreurs, sachez qu'il y a 7 mots en* - aux, *5 mots en* - eaux *et 1 en* - aus, *puis reportez les mots au pluriel dans le tableau.*

des chev
des carr
des land
des ét
des cor
des vitr
des trét
des rid
des joy
des morc
des noy
des tabl
des trav

- eaux

- aux

- aus

-aux	- eaux	- aus
1.	1.	1. . . . .
2.	2.	
3.	3.	
4.	4.	
5.	5.	
6.		
7.		

2) *Donnez le participe passé des verbes suivants et le substantif correspondant.*

ramasser ramassé, ramassis
finir . . . .
mettre . . . .
relayer . . . .

outiller . . . .
interdire . . . .
choisir . . . .
réduire . . . .
écrire . . . .
construire . . . .
apprendre . . . .
balayer . . . .
punir . . . .
abriter . . . .

LEÇON 14

1) *Classez les verbes suivants en quatre ensembles selon leur passé simple.*

rendre, réduire, apprendre, croire, manger, pouvoir, aller, avoir, être, serrer, descendre, contenir, conclure, abreuver, battre, parvenir.

1.	2.	3.	4.

2) *Donnez pour les verbes suivants la 1re et la 3e personnes du singulier du passé simple et du subjonctif imparfait. L'imparfait du subjonctif se forme en ajoutant* -se *à la 2e personne du singulier du passé simple* (ex. : embrasser →tu embrassas →(que) j'embrassasse).

1. suivre . . suivis - suivit - suivisse - suivît . . . .
2. vivre . . . .
3. dire . . . .
4. cuire . . . .
5. confire . . . .
6. lire . . . .

3) *Remplissez cette grille en mettant les verbes à la personne, au temps et au mode indiqués entre parenthèses ; n'oubliez pas les accents.*

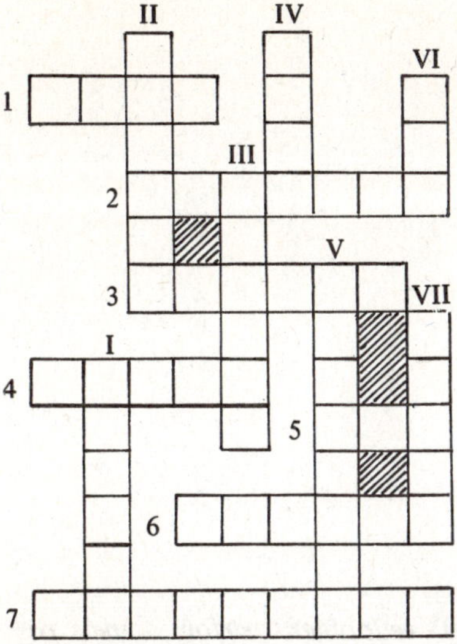

Horizontalement

1. Croire (1re pers. sing. passé simple).
2. Écrire (3e pers. sing. subj. imp.)
3. Tenir (1re pers. sing. subj. imp.)
4. Nager (3e pers. sing. passé simple)
5. Rire (3e pers. sing. passé simple)
6. Partir (3e pers. sing. passé simple)
7. Marcher (1re pers. sing. subj. imp.)

Verticalement

I. Appeler (3e pers. sing. passé simple)
II. Lire (3e pers. plur. passé simple)
III. Rincer (1re pers. sing. passé simple)
IV. Lier (1re pers. sing. passé simple)
V. Sourire (2e pers. plur. passé simple)
VI. Boire (3e pers. sing. subj. imp.)
VII. Rater (3e pers. sing. subj. imp.)

Combien y a-t-il d'accents circonflexes dans la grille ? ☐

LEÇON 15

1) *Complétez le tableau suivant en y plaçant convenablement les mots, suivant la signification de leur préfixe. Cherchez dans le dictionnaire la signification des mots que vous ne connaissez pas.*

encarter, affaiblir, attendre, athée, aversion, indigne, enchâsser, enlever, apporter, accroître, emporter, emmancher, inapte, aggraver, introduire, inouï, incarcérer, atterrir.

Sens du préfixe

privatif (= sans)	augmentatif (= davantage)

= dans	= loin de	= vers, en direction de

2) *A partir des mots suivants, formez un verbe commençant par les préfixes* in - *ou* en -.

flamme . . . .
lever . . . .
porter . . . .
filtrer . . . .
souffler . . . .
mobiliser . . . .
mener . . . .
châsse . . . .
onde . . . .
manche . . . .
four . . . .
mer . . . .

3) *Les mots commençant par* ad-, ag-, al- *redoublent parfois – mais pas toujours – la consonne du préfixe. Voici une grille à compléter ; le sens des mots à placer dans la grille est indiqué ci-dessous mais en désordre. En vous fiant à la consonne simple ou double du préfixe et en observant le nombre de lettres, tâchez de ne pas faire de fautes.*

- nourrir
- rendre plus grave
- envoyer
- rendre plus grand
- inquiéter
- donner de la lumière
- ajouter en comptant
- unir en masse compacte
  coller ensemble
- rendre plus long
- rendre plus agréable
- saisir en serrant

1	A	D	D							E	R
2	A	D					E	R			
3	A	G					I	R			
4	A	G							E	R	
5	A	G				P	E	R			
6	A	G	G				E	R			
7	A	G	G						E	R	
8	A	G	G					R	E	R	
9	A	L				E	R				
10	A	L						E	R		
11	A	L	L				E	R			
12	A	L	L			E	R				

1) *Complétez les phrases suivantes par* ces *ou* ses :

1. Marion a égaré .... documents.
2. Que penses-tu faire de .... cailloux ?
3. Quand cesseras-tu de nuire à .... pauvres animaux ?
4. Je crois qu'il a maintenant rongé tous .... ongles.
5. Chaque âge a .... plaisirs.
6. .... parents sont surpris par son comportement.
7. J'aime contempler .... toits, ... rues et .... boutiques.
8. L'arbre tout doucement commençait à perdre .... feuilles tandis que .... roses jaunes prospéraient dans le jardin.
9. Le pêcheur attendait patiemment avec .... cannes à pêche tandis que les promeneurs lui posaient .... questions : – «Ça mord ? – Ça prend ?»
10. .... bourgeons, ... crocus, ... chants d'oiseaux annonçaient le printemps et .... bourrasques intempestives.

2) *Dites si l'orthographe de* ces, s'est, c'est, ses *est correcte dans chaque phrase, restituez-la en cas d'erreur.*

1. S'est mon cousin	EXACT	FAUX	______
2. Elle ne tenait plus sur ces jambes.	EXACT	FAUX	______
3. C'est-elle assurée de l'heure ?	EXACT	FAUX	______
4. C'est la saison des pluies.	EXACT	FAUX	______
5. Marc a pris toutes ces affaires personnelles.	EXACT	FAUX	______
6. Karine s'est trompée dans l'opération.	EXACT	FAUX	______
7. Elle c'est mise à rire.	EXACT	FAUX	______
8. Cela ses passé le 8 mai.	EXACT	FAUX	______
9. A quand ses réjouissances ?	EXACT	FAUX	______
10. Je préfère ces bagues aux tiennes.	EXACT	FAUX	______

3) «Un jour se présenta à mon hôtel un grand Anglais roux...» écrit Bombard. Les termes indiquant la nationalité prennent une majuscule seulement s'ils sont employés comme noms et mentionnent la nationalité (ex. : Un Allemand de parents italiens apprend le russe.).

Les termes servant à désigner les jours et les mois prennent une minuscule sauf s'ils indiquent des dates historiques.

Corrigez dans le texte suivant les fautes éventuelles portant sur l'emploi des minuscules et des majuscules (il y a 15 fautes).

> Un italien de mes amis qui voyageait à travers l'europe arriva chez moi à l'improviste le lundi 28 avril. Comme j'avais prévu de partir voir ma famille dans le poitou, pour le congé du 1er mai, je lui laissai mon appartement déjà occupé par un espagnol, un péruvien et un jeune réfugié tchèque qui ne parlait ni le français ni l'Anglais. Quand je revins le 3 Mai à paris, le roman sur les amours de victor Hugo et de juliette Drouet que j'étais en train d'écrire était déjà traduit en anglais, en espagnol, en Portugais et en Tchèque.

LEÇON 18

1) *Écrivez correctement la forme mise entre parenthèses :*

1. Il faudrait que je lise les journaux (*tout*) ...... les jours.
2. Je me demande pourquoi ils étaient (*tout*) ...... déconfits.
3. De (*tout*) ...... parts des cris fusaient.
4. Ils pourront venir à (*tout*) ...... moment.
5. Écrivez votre nom en (*tout*) ...... lettres, s'il vous plaît !
6. Ma sœur (*tout*) ...... occupée à ses affaires, ne m'a pas entendu arriver.
7. Le coureur de Marathon est arrivé (*tout*) ...... d'une traite.
8. (*Tout*) ...... autre personne que moi aurait failli à sa parole.
9. Il doit apporter sa guitare (*tout*) ...... à l'heure.
10. Ils étaient (*tout*) ...... présents pour le défilé.

2) *Le typographe a oublié de mettre certains mots au moment de la correction des épreuves. Aidez-le dans la nouvelle composition du texte en pensant aux règles de l'accord des adjectifs. Ajoutez dans les blancs* tout, toute, tous *ou* toutes.

...... semblait lui réussir. N'avait-il pas de ...... temps conquis son auditoire ? Pourtant Hervé s'avançait ...... inquiet devant le public. Il connaissait presque ...... la salle et y reconnaissait ...... ses amis. Mais, ... à coup, une émotion intense l'envahit ; à quoi pouvaient bien servir ...... ces réunions ? Quelle force le contraignait à se commettre ainsi devant ...... ces gens ?

La magie se produirait bientôt, ... ses soucis, ... ses hésitations seraient balayés.

Une fois encore ses tours de passe-passe aboliraient les résistances de ..... ces scientifiques imbus d'eux-mêmes ; l'illusion triompherait

LEÇON 19

1) *Donnez la fonction des termes introduits par la préposition* à.

1. Chantal n'a pas été travailler à l'hôpital. . . . .
2. Je connais peu d'occupations propices au rêve. . . . .
3. J'allai à l'aventure . . . .
4. Je pense toujours à ce que serait une vie de loisir. . . . .
5. Crois-tu qu'à ton âge on puisse être heureux ? . . . .
6. Dans la nuit, nous nous guidions à l'oreille. . . . .
7. Il l'embrassait à l'étouffer. . . . .
8. Le progrès devrait apporter aux hommes plus de liberté. . . . .
9. Soyons à quatre heures au cinéma. . . . .
10. Les chinoises avançaient à petits pas. . . . .

2) *Accentuez la lettre* a *s'il y a lieu dans les phrases suivantes :*

1. Il m'a dit qu'a tout prendre il préférerait rentrer a Paris plutôt que d'attendre ses cousins a Lyon.
2. Je t'assure que cette fille a reçu un pot de fleurs sur la tête a l'âge de huit ans.
3. Nous avons a nous dépêcher, marchons a grandes enjambées.
4. Si ce livre ne lui plaît pas, il n'a qu'a le donner a Rodolphe qui pourra l'échanger contre une flûte a bec.
5. Il a affirmé que ce spectacle était difficile a comprendre.
6. Attends-moi là et parle a ton père pendant ce temps.
7. Il a enregistré ce disque a Ivry lorsqu'il a travaillé a la maison des jeunes.

3) *Dans les phrases suivantes, remplacez les pointillés par* quoi que *ou* quoique.

1. . . . . il fasse, il se considérera toujours comme le plus fort.
2. . . . . il n'ait pas beaucoup d'argent il mène un grand train de vie.
3. . . . . nous abandonnions maintenant la partie ? Jamais.
4. Je ne suis pas bien sûr qu'il ait raison . . . . tout le monde en soit persuadé.
5. Maintenant . . . . il advienne, il ne pourra plus être comme avant.
6. Je mangerais bien une part de gâteau. . . . ., si je pouvais en avoir deux, je ne dirais pas non.
7. . . . . tu choisisses, fais bien attention à n'être pas trop serré.

LEÇON 20

1) *Remplacez les points de suspension par la terminaison correcte en* -é *ou* er. *Attention aux accords, le cas échéant.*

1. Je désire rencontr. . . . tes amis.
2. Veux-tu apprendre à nag. . . . cet été ?

3. Je n'ai pas aim. . . . jou. . . . en sa compagnie.

4. L'ennui semblait tir. . . . les traits de son visage.

5. J'ai complètement oubli. . . . de ferm. . . . la porte d'entr. . . .

6. J'ai fum. . . . toutes mes cigarettes sans pens. . . . à en rachet. . . .

7. Le cheval a galop. . . . sans arriv. . . . à rattrap. . . . le soleil.

8. François aime navigu. . . . sans s'arrêt. . . . dans les ports.

9. Les truands se sont laiss. . . . jet. . . . au cachot.

10. Ces fraises ont été ramass. . . . dans les bois, nous les avons mang. . . . sans nous souci. . . . de les lav. . . .

2) *Relevez une dizaine de phrases à l'infinitif exprimant un conseil ou une interdiction dans les publicités que vous pouvez lire dans les journaux et entendre à la radio ou à la télévision.*

. . . .

. . . .

. . . .

. . . .

. . . .

. . . .

. . . .

. . . .

. . . .

. . . .

. . . .

. . . .

. . . .

. . . .

. . . .

. . . .

. . . .

3) *Chacune des phrases suivantes contient une incorrection ; corrigez-la.*

1. Après avoir essayé de coulé le bateau, les pirates ont échoué.
2. L'avion a transporté les passagers sans s'arrêté à l'escale prévue.
3. Après avoir pleuré, Mireille s'est trouver très fatiguée.
4. Personne n'a pensé à laissé les billets des retardataires au contrôle.
5. J'ai vu le jour tomber et j'ai senti la peur arrivé.
6. Les parapluies et les appareils photographiques doivent être laisser au vestiaire.
7. J'entends le vent soufflé.
8. Je regardais se dressé le chapiteau du cirque.

1) *L'auteur de ces phrases est devenu amnésique, il a oublié toutes les règles d'accord du sujet et du verbe ; aidez-le à achever correctement son texte.*

1. Il les protégeai. . . de la pluie.
2. Carole ramassait tout ce qu'offrai. . . les marchands.
3. Beaucoup song. . . aux vacances.
4. Depuis quelques jours vous ne cess. . . de vous agiter.
5. Luc, Eve et Didier parcour. . . les sentiers de grande randonnée, n'espér. . .-ils pas rencontrer l'aventure ?
6. Tous, perdus dans leurs pensées, omettai. . . de lui prêter attention.
7. Chaque partie de cet immeuble de huit étages représent. . . un défi au bon goût.
8. Peu de personnes rest. . . fidèles.
9. Quelques-uns arriv. . . à se faire connaître.
10. Un zeste de citron, une cuillerée de sucre et un volume d'eau constitu. . . une excellente boisson.

2) *Reliez au verbe le (ou les) sujet(s) qui convien(nen)t. Si les 3 sujets sont possibles, notez 3, si aucun ne l'est notez 0 ; faites de même pour 1 et 2. Inscrivez dans le cadre le nombre de six chiffres que vous obtenez une fois l'exercice achevé.*

A	Pierre j' on	arrive	B	tous tout tu	chantes	C	Eve et toi Pierre et moi Eve et Pierre	irons
D	je elle tu	vends	E	Suzy toi qui dormir	rendais	F	moi qui toi, Pierre, tu tous	pars

Résultat :

A	B	C	D	E	F

3) *Construisez de courtes phrases dans lesquelles chacun des groupes suivants sera sujet d'un verbe de votre choix :*

a) Le petit et le grand . . . .

b) Un peu de respect . . . .

c) Ma sœur et moi . . . .

d) Bien comprendre . . . .

e) Une centaine de francs . . . .

f) Plus d'un chef d'état . . . .

g) Trop d'élèves . . . .

h) Peu de gens . . . .

1) *Donnez le nom féminin correspondant à chacun des mots suivants :*

ouvrier	brutal . . . .
lecteur	porter . . . .
pur	monter . . . .
pelleter	stable . . . .
baron	efficace . . . .
ogre	retraité . . . .
coq	charrette . . . .
oncle	pâté . . . .
fier	sincère . . . .
cadet	sain . . . .
téméraire	durer . . . .

2) *Construisez six phrases contenant le mot* même. *Dans les deux premières,* même *précédera le déterminant ; dans deux autres* même *le suivra immédiatement ; dans deux enfin* même *suivra un nom ou un pronom.*

. . . .

. . . .

. . . .

. . . .

. . . .

. . . .

3) *Complétez les mots inachevés en tenant compte des règles d'accord et du sens des mots.*

1. Des exalt. . . se sont présentées au bureau de renseignements.
2. Une quantit. . . très grande de céréal. . . est envoy. . . chaque ann. . . vers les pays étrang. . .
3. Christophe a agi avec fiert. . . malgr. . . les difficult. . . de sa situation.
4. Les notes de musique figur. . . sur une port. . .
5. La pât. . . du chien n'est pas prépar. . .
6. Karine n'aime pas la brutalit. . . pourtant c'est un moyen d'action d'une grand. . . efficacit. . .
7. La guerre a trop dur. . . ; les généraux eux-mêm. . . en sont lass. . .
8. Les enfants sont sollicit. . . malgr. . . leur peu d'efficacit. . .
9. Prends donc une assiett. . . de crudit. . .
10. Tout de mêm. . ., tu n'aurais pas dû achet. . . les mêm. . .

1) *Complétez les phrases suivantes en employant* la *ou* l'a.

1. Il . . . . . vue sortir du restaurant.
2. Faut-il . . . . . conduire chez ses parents pour qu'ils . . . . . soignent.
3. C'est lui qui . . . . . inventé.
4. Il . . . . . prit tout à coup et . . . . . poussa brutalement dans l'encoignure de la porte et là, il . . . . . frappa.
5. On . . . . . compris à force de patience.
6. . . . . .-t-il accepté ?
7. Le Jura ? On . . . . . traversé de fond en comble.
8. Je t'assure qu'il . . . . . tancée vertement.
9. Elle . . . . . pourtant prévenu de son départ.

2) *Remplacez les noms propres par le pronom personnel qui convient :*

1. J'ai proposé mon aide à René.

. . . .

2. Claire et Didier vont souvent au restaurant.

. . . .

3. N'as-tu pas prêté ce disque à Fabienne ?

. . . .

4. Nous n'étions pas contents de Philippe.

. . . .

5. Je pense souvent à Françoise et à Henri.

. . . .

6. As-tu revu Marie-Christine ?

. . . .

7. Avez-vous rencontré Christian et Patrick ?

. . . .

8. Irons-nous voir Michel ?

. . . .

9. On m'a dit qu'ils ont déjà visité Rome.

. . . .

10. Derrière Christophe et Rodolphe s'avançaient leurs parents.

. . . .

1) *Accordez s'il y a lieu les mots entre parenthèses. Attention ! certains adjectifs employés comme adverbes sont invariables.*

1. Les marchands étaient (fort) (content) . . . . de leurs ventes pour les fêtes de Noël.

2. Les ivrognes ne marchaient pas (droit) . . . . pour traverser la rue.

3. Mes (cher) . . . . amis,partageons (ensemble) . . . . les (grand) . . . . joies de ces retrouvailles (impromptu) . . . .

4. Les placards (plein) . . . . de provisions étaient (fermé) . . . . à clef.

5. Je ne pouvais avoir les idées (clair) . . . .

6. Elles pourraient travailler (debout) . . . . plutôt qu'(assis) . . . .

7. Les soldats ont des uniformes (kaki) . . . .

8. J'ai oublié les crayons (rouge) . . . . sur le buffet, près des assiettes (vert) . . . . ou peut-être derrière les coupes (bleu foncé) . . . .

9. Son cahier était maculé de taches (brun) . . . . et (orange) . . . .

10. Les rideaux de soie (bleu) . . . . assombrissent davantage la pièce que les rideaux de soie (naturel) . . . .

2) *Citez cinq adjectifs de couleur invariables commençant par la lettre* a, *la lettre* b, *la lettre* c, *la lettre* m *et la lettre* p.

A	B	C
. . . .	. . . .	. . . .
. . . .	. . . .	. . . .
. . . .	. . . .	. . . .
. . . .	. . . .	. . . .
. . . .	. . . .	. . . .

M	P
. . . .	. . . .
. . . .	. . . .
. . . .	. . . .
. . . .	. . . .
. . . .	. . . .

3) *Méfiance ! tous les mots dans lesquels on entend le son* [f] *ne s'écrivent pas forcément avec la lettre* f. *Voici des étiquettes* (f, ff, ph). *Pouvez-vous les mettre à leur place ? Si vous hésitez, consultez un dictionnaire.*

f f f f f ff ff ff ff

ph ph ph ph ph ph ph

de □ i
be □ roi
a □ irmation
télé □ one
dé □ aut

écha □ aud
dé □ ectueux
a □ aire
al □ abet
a □ ront

jui □
paragra □ e
□ rase
□ oto
□ os □ ore

LEÇON 26

1) *Complétez la grille par des mots en* - tion *ou* - sion, *en vous aidant des définitions.*

1. Ce qu'on *inscrit* sur la pierre, le cuivre ou le papier.
2. Action d'*acquérir*.
3. Temps pendant lequel une assemblée *siège*.
4. Conversation où l'on *discute*.
5. Action de *dénoncer*.
6. Union d'*hommes habitant le même territoire*.
7. Pratique qui consiste à *laver* diverses parties de son corps avant une cérémonie religieuse.
8. Manière de *dire* un discours, un texte.
9. Action de déserter.

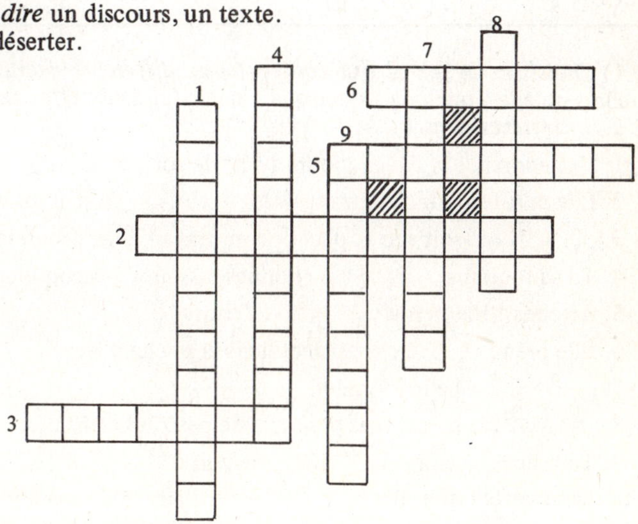

2) *Donnez le substantif féminin correspondant aux infinitifs suivants :*

agir	adopter ....
désoler	tordre ....
convaincre	promouvoir ....
prévenir	déprimer ....
prétendre	aérer ....
étendre	opposer ....
mentionner	attribuer ....
omettre	percuter ....

3) *Composez un texte dans lequel vous emploierez au moins huit des mots suivants au pluriel :*

clou	fou	atout	hibou	pou
genou	toux	joug	trou	boue
loup	roux	caillou	bout	houx

....

....

....

....

....

....

....

LEÇON 27

1) *Choisissez la forme qui convient aux différents énoncés parmi* quel - quelle - qu'elle - quelque - quel que - quelquefois *en effectuant si besoin est les accords nécessaires.*

1. J'attendrai .... jours avant de sortir.
2. Elle part toujours à l'étranger .... soient les difficultés.
3. .... soit son application au travail, il ne progresse pas.
4. Tu as toujours .... bonnes histoires à raconter.
5. Attends ! J'ai perdu .... chose.
6. Elle prend .... pièces dans la poche d'Henri.
7. .... belle journée !
8. .... soient mes désirs, je ne peux les satisfaire.
9. Tu pourrais venir .... me voir !
10. Dans cette boîte, il y a .... deux kilos de chocolat.

2) ***Phrase-charade.***

– Mon premier est l'endroit où les bateaux stationnent dans un port.
– Mon second est le pronom personnel sujet féminin de la troisième personne.
– Mon troisième frétille quand les chiens sont contents.
– Mon quatrième est l'impératif singulier du verbe *partir*.
– Mon cinquième est formé par les deux dernières lettres du mot *écrevisse.*
– On creuse pour faire mon sixième.
– Mon septième est la 2e pers. du sing. du présent du verbe *vouloir*.
– Mon huitième est un adjectif exclamatif.
– Mon dernier sert à distinguer un empereur que connut bien François Ier.
– Mon tout dit en termes vagues, que vous êtes là où vous êtes en ce moment.

. . . .

3) *Remplissez la grille en vous aidant des définitions. Il s'agit de mots en* -eur *; deux exceptions, se terminant par un* e, *se sont glissées parmi eux.*

1. Nom donné à l'adjoint du directeur d'un lycée.
2. Quand elles sont plusieurs, elles forment un bouquet. (subst. au sing.)
3. Produit de la transpiration.
4. Personne qui n'est jamais contente. (au masc.)
5. Organe essentiel à la vie.
6. Équivalent féminin du frère.
7. Faible lumière.
8. Faute.
9. Sorte de discrétion, de retenue.
10. Soixante minutes la composent.
11. Produit laitier.

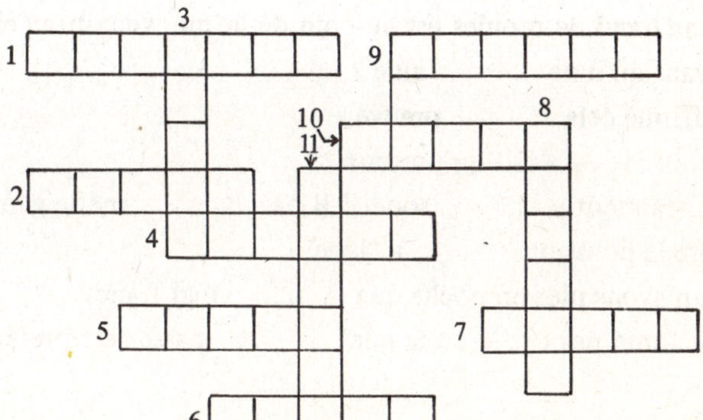

LEÇON 28

1) *Reliez les lettres centrales au plus grand nombre de terminaisons possible. Ecrivez les mots reconstitués dans les colonnes prévues à cet effet.*

- ans
- ang
- aon
- ent
- ant
- and

B
C
D
F
G
L
M
P
QU
R
S
T
V

- anc
- amp
- ens
- emps
- an

Noms communs et noms propres	Adjectifs	Prépositions Conjonctions	Verbes

2) *Complétez les phrases suivantes en employant* sans, cent, sang, sens, s'en.

1. Je préfère prendre mon gilet . . . . manches.
2. Le marchand de moules est au coin de la rue, veux-tu m'en prendre un . . . . avant qu'il ne . . . . aille ?
3. Il a affirmé cela . . . . preuve.
4. Mon . . . . n'a fait qu'un tour.
5. Il est vraiment . . . . souci ! Il ne . . . . méfie guère ! Pourtant cette mégère le poursuit . . . . relâche.
6. Nous n'avons plus en poche que . . . . vingt francs.
7. Je ne fume pas car je crois que . . . . passer est préférable pour la santé.
8. Je ne fume pas de cigare . . . . passer par des quintes de toux.

9. Il neige depuis deux jours. Le paysage de la vallée . . . . trouve considérablement transformé.

10. On ne peut voir ce paysage . . . . . . être surpris.

11. Ta phrase n'a aucun . . . .

12. Ton pull est mal mis, il est . . . . . devant derrière.

13. L'âne, affolé, part en tous . . . . ; il se dirige à contre . . . .

14. Il faisait les . . . . pas devant l'hôpital. Allait-il donner son . . . . ?

LEÇON 29

1) Le son [ɛ]

Trouvez 5 mots au moins à inscrire dans chacune des colonnes selon que [ɛ] *s'écrit* e, è, ê, et, ai, ais, aie, ait.

[ɛ] = e	[ɛ] = è	[ɛ] = ê	[ɛ] = et
[ɛ] = ai ou aî	**[ɛ] = ais**	**[ɛ] = aie**	**[ɛ] = ait**

2) *Complétez par* est, ai, aie, ait.

1. Je crains qu'il. . . . . . oublié son portefeuille.
2. Ce buffet n'. . . . . . pas à vendre.
3. . . . . . .-ce vous qui avez pris le paquet de cigarettes ?
4. Bien que tu . . . . . . tort, je te pardonne.
5. Je voudrais bien qu'on . . . . . . beau temps à Pâques.
6. Ce n'. . . . . . pas possible !
7. Je suis sûre que j'. . . . . . encore oublié mes clefs.
8. J'ai peur qu'il . . . . pris froid.

9. Je crois qu'il n . . . . . que deux heures.

10. C'est le meilleur film que j'. . . . . . jamais vu.

11. Achevons notre tâche avant qu'ils n'. . . . . . envie de nous déranger.

12. J'. . . . . . encore du travail.

13. Il faut que j'. . . . . . plus de temps libre.

14. Qu'il . . . . . . bête ! Il faut qu'il n'. . . . . . pas grand-chose à faire pour ennuyer ses voisins à ce point !

LEÇON 30

1) *Remplissez les cases en donnant les adverbes correspondant aux adjectifs indiqués.*

1. Sérieux.
2. Savant.
3. Petit.
4. Vrai.
5. Prudent.
6. Nul.
7. Gai.
8. Gentil.

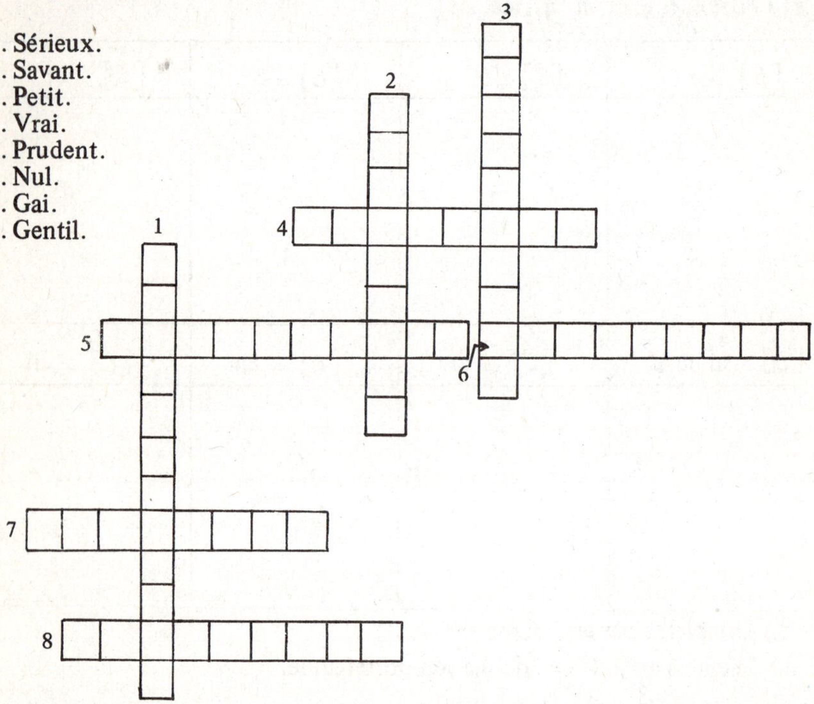

2) *Soulignez les adverbes dans ces phrases :*

1. Tu es très exigeant, tu demandes trop et pourtant tu ne fais pas grand chose.
2. N'insiste pas davantage, tu pourrais affronter un refus définitif.
3. Je ne vois vraiment pas comment me tirer de ce mauvais pas.
4. Je dois progresser rapidement sinon je risque de perdre ma place.

5. Le soir, ils lisaient ensemble.
6. Il ne travaille que ce qu'il aime.
7. Mais c'est fort cher !
8. Avancez prudemment car vous risquez vraiment de vous rompre le cou.
9. Il y a peu de chances que tu aies ton train.
0. Marchez droit pour atteindre votre but directement.
1. Parlez plus haut, s'il vous plaît !
12. Par où vais-je passer pour arriver rapidement ?

3) *Dans la dictée vous avez trouvé le mot* croix. *Voici des lettres de l'alphabet. Reliez-les aux bulles afin de former des substantifs, des pronoms ou des verbes. Recopiez ensuite les mots découverts dans les colonnes prévues à cet effet.*

B
D
F
J
L
M
N
P
R
S
T
V

- oie
- ois
- oi
- oit
- oix
- oigt

Substantifs	Pronoms	Verbes

1) *Complétez les phrases par* quand, quant *ou* qu'en.

1. J'arrivais à neuf heures . . . . Nelly partait.
2. Nos cousins ne rentreront . . . . mai.
3. As-tu remarqué ce . . . . a dit Félix ?
4. A propos de ce rapt, je ne sais vraiment . . . . penser.
5. Nous partirons vers cinq heures, ... à Luc il nous rejoindra . . . . il le pourra, ... penses-tu ?
6. Il ne m'a rien confié . . . . à ses projets.
7. J'aimerais visiter Notre-Dame . . . . nous serons à Paris.
8. . . . . auras-tu fini tes bêtises ?
9. . . . . à Celsius, il a bien inventé quelque chose, mais quoi ?
10. Je ne cesse de ronger mes ongles . . . . je suis énervée.

2) *Remplacez les points de suspension par les pronoms indéfinis qui con viennent.*

1. Je cherche des livres allemands mais je n'en vois . . . .
2. . . . . n'attend plus que vous.
3. . . . . ne l'a vu ni entendu.
4. Ne crois-tu pas qu'il y a . . . . dans l'escalier.
5. . . . . sont venus.

3) *Complétez la grille en vous aidant des définitions.*

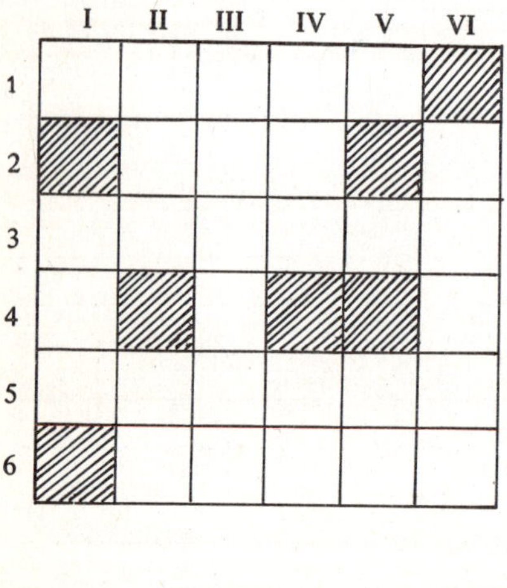

Horizontalement
1. Construction de pierre sur la mer.
2. Fin du part. passé fém. du verbe *ressentir*.
3. Gouverner un état à titre de souverain.
5. Ce qui éclaire.
6. Qui a des ailes (fém. sing.).

Verticalement
I. Masse de pierre d'une grande dureté.
II. Saison - Article fém., sing.
III. Ornai de petites taches.
IV. Participe passé fém. de naître inversé.
V. Pronom personnel complément (2e pers.).
VI. Troupe prévue pour faire la guerre.

1) *La roue tourne ! Choisissez le mot qui convient pour chacun des blancs des phrases suivantes :*

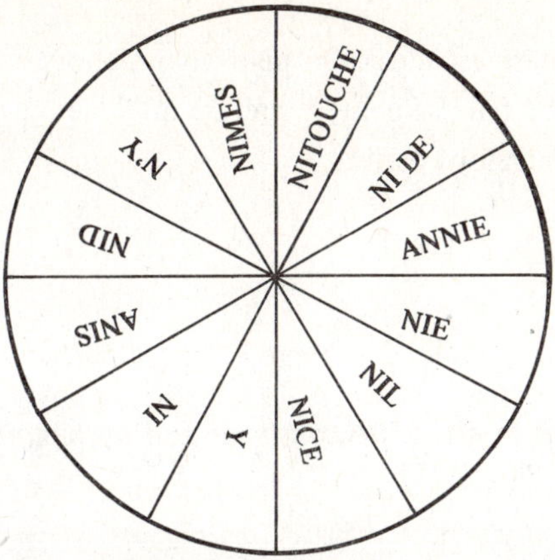

1. Petit à petit l'oiseau fait son . . . .

2. Je sais qu'. . . . . adore les sucettes à l'. . . . . et pourtant elle . . . . . . les avoir mangées.

3. Elle . . . . . . être allée à (grande ville de la côte d'Azur) . . . . et pourtant personne ne l'a vue ici hier soir . . . . . . ce matin.

4. Je ne suis pas sûr de sa bonne foi . . . . sa bonne volonté. C'est une sainte . . . .

5. Une croisière sur le . . . . ! Je . . . . . aucun inconvénient . . . . obstacle majeur mais je ne connais . . . . . le prix . . . . . le temps que cela durera.

6. A . . . ., on . . . . . mange bien mais on . . . . peut guère circuler dans le centre ville.

7. . . . . . touche pas ! Cela brûle.

2) *Choisissez dans la liste d'expressions données dans la leçon celle qui convient à chaque pointillé.*

1. Autant. . . . que je vous prévienne tout de suite, ... que je serai vivant, l'emploi du . . . . établi restera le même.

2. . . . . pis, je préfère renoncer, ... je ne me sens pas capable de supporter semblable autorité.

3. Dans . . . . peut-être je reviendrai, ... qu'il m'y autorise mais rien ne sera plus comme au bon vieux . . . . !

4. Dans le . . . ., les choses étaient différentes. Les hommes étaient un . . . . respectueux des autres hommes. Mais aujourd'hui tout cela a changé.

5. Ce climat tempéré est idéal. On peut vivre dehors . . . . . .

6. . . . . que faire se peut, je préfère qu'il vienne me voir . . . . seul pour que nous puissions parler.

3) a) *Trouvez dans la dictée deux adjectifs se terminant par un* d *et deux substantifs se terminant par* t.

______________________________ ______________________________

______________________________ ______________________________

b) *Donnez le féminin de ces mots et donnez des mots appartenant à la même famille.*

______________________________ ______________________________

______________________________ ______________________________

______________________________ ______________________________

______________________________ ______________________________

c) *Donnez dix mots se terminant par un* d *ou par un* t.

______________________________ ______________________________

______________________________ ______________________________

______________________________ ______________________________

______________________________ ______________________________

______________________________ ______________________________

LEÇON 34

1) *Cette grille est composée de verbes au futur et au présent du conditionnel. Remplissez-la ; nous vous indiquons les personnes entre parenthèses.*

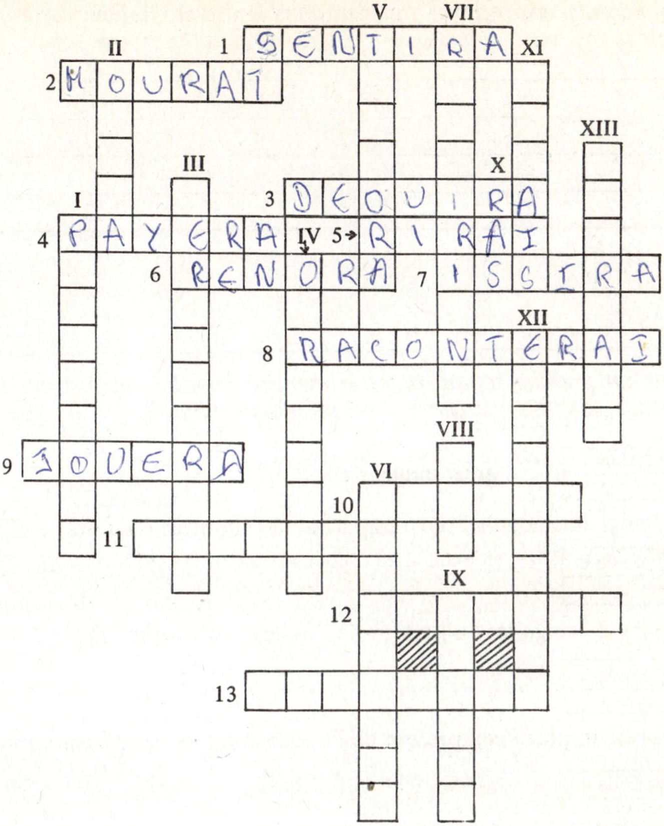

Horizontalement
1. Sentir (il ; futur).
2. Mourir (il ; futur).
3. Déduire (il ; futur)
4. Payer (il ; futur).
5. Rire (je ; futur).
6. Rendre (il ; futur).
7. Issir[1] (il ; futur).
8. Raconter (je ; futur).
9. Jouer (il ; futur).
10. Etre (nous ; futur).
11. Enfuir (il ; futur).
12. Voir (ils ; futur).
13. Décrire (tu ; futur).

Verticalement
I. Piller (ils ; futur).
II. Ouïr (il ; futur).
III. Dérouler (ils ; futur).
IV. Dormir (il ; conditionnel).
V. Tenir (il ; futur).
VI. Sauver (tu ; conditionnel).
VII. Réduire (nous ; conditionnel).
VIII. Aller (il ; futur).
IX. Rire (il ; conditionnel).
X. Terminaison de fuir (tu ; futur).
XI. Etre (tu ; conditionnel).
XII. Étonner (nous ; futur).
XIII. Courir (je ; conditionnel).

1. *Issir* est un ancien verbe signifiant *sortir* dont seul le participe passé *issu* est encore en usage dans le français courant.

2) *Dix accents circonflexes figurent dans la dictée. Relevez les mots dans lesquels ils se trouvent (si le mot est répété, ne le noter qu'une fois).*

_______________ _______________

_______________ _______________

_______________ _______________

_______________ _______________

_______________ _______________

LEÇON 35

1) *Dans un premier temps, rayez la mention inutile puis écrivez, dans un second temps, le verbe à la personne et au temps indiqués.*

ex.

un e	pas ~~de~~ e
après le g	

nous songeons.

a) 1re pers. du singulier de l'imparfait de l'indicatif du verbe *patauger.*

un e	pas de e
après le g	

. . . .

b) 3e pers. du singulier du présent de l'indicatif du verbe *bégayer.*

un e	pas de e
après le g	

. . . .

c) 1re pers. du pluriel du présent de l'indicatif du verbe *se bagarrer.*

un e	pas de e
après le g	

. . . .

d) 3e pers. du sing. de l'imparfait de l'indicatif du verbe *interroger.*

un e	pas de e
après le g	

. . . .

e) 3e pers. du sing. du passé simple de l'indicatif du verbe *s'engager.*

un e	pas de e
après le g	

. . . .

f) 2e pers. du pluriel du futur simple du verbe *agir.*

un e	pas de e
après le g	

. . . .

2) *Écrivez le verbe correspondant aux charades suivantes :*

a) Mon premier est une préposition
Mon deuxième souffle
Mon troisième nourrit les ânes
Mon tout est un verbe du premier groupe
conjugué à la première personne du pluriel
du présent de l'indicatif — Nous ___________

b) Mon premier est une soirée dansante
Mon second sépare les champs
Mon tout est un verbe du premier groupe
conjugué à la troisième personne du singulier
du présent de l'indicatif — Il ____________

c) Mon premier est une période de 365 jours
Mon deuxième succède au jour
Mon troisième est une particule électrique
Mon tout est un verbe du premier groupe
conjugué à la première personne du pluriel
de l'imparfait de l'indicatif — Nous nous ____________

d) Mon premier est une préposition
Mon second sert à évacuer de la terre
Mon tout est un verbe du premier groupe
conjugué à la deuxième personne du singulier
du présent de l'indicatif — Tu ____________

e) Mon premier est la troisième personne du
singulier du présent de l'indicatif de l'auxiliaire
avoir
Mon deuxième est un pronom personnel de
troisième personne
Mon troisième est une boisson chaude très
prisée en Angleterre
Mon tout est l'infinitif d'un verbe du premier
groupe ____________

3) a) *Conjuguez les verbes* appeler *et* jeter *qui doublent la consonne, ainsi que* héler *et* acheter, *qui ne la doublent pas, aux temps et aux personnes indiqués ci-dessous. Le mode est toujours l'indicatif.*

appeler		jeter	
Présent	Imparfait	Présent	Passé simple
Je .... Elle .... Nous .... Elles	Tu .... Il .... Vous .... Ils	Tu .... Il .... Nous .... Vous	Je .... Elle .... Vous .... Ils ....
héler		**acheter**	
Présent	Imparfait	Présent	Passé simple
Je .... Il .... Vous .... Elles	Tu .... Elle .... Nous .... Ils	Je .... Nous .... Vous .... Elles	Je .... Tu .... Nous .... Ils ....

b) *Classez dans la première colonne les verbes qui doublent le* l *ou le* t *devant un* e *muet et dans la seconde colonne ceux qui ne doublent pas la consonne et s'écrivent avec un accent grave sur le è ou un ê.*

téter - s'endetter - s'entêter - ciseler - écarteler - marteler - sceller - seller-haleter - fureter - celer - bêler.

VERBES DOUBLANT LE *L* OU LE *T*	VERBES PRENANT UN ACCENT
....	....
....	....
....	....
....	....
....	....
....	....
....	....

LEÇON 36

1) *Écrivez la forme en* - ant *qui convient à partir du verbe mis entre parenthèses.*

1. C'est (*forger*) .... qu'on devient forgeron.
2. L'appétit vient (*manger*) ....
3. La répartition (*être*) .... faite nous prîmes chacun une direction.
4. Eux (*vivre*) ...., je n'accepterai jamais une telle chose.
5. Elle grimpa, (*escalader*) .... les rochers avec agilité, et arriva au sommet (*haleter*) ....
6. L'aube (*naître*) .... était magnifique.
7. Ses arguments étaient (*suffoquer*) ....
8. Des bruits sourds, (*ébranler*) .... les murs, étaient frappés depuis un moment (*faire*) .... danser les lustres du plafond.
9. Les quelques personnes encore (*vivre*) .... avaient été conduites à la ville la plus proche.
10. Les enfants (*trouver*) .... le temps long, furent contents (*en aller*) .... dans le jardin.
11. (*travailler*) .... jour et nuit comme ils le font, ils tomberont malades.
12. Tout ceci est (*plaire*) .... mais ne reste pas là les bras (*baller*) ....

2) *Employez les mots* vivant *et* suffocant *(ou* suffoquant*) dans trois phrases chacun.*

a) *Comme participe présent :*

....

....

....

b) *Comme gérondif :*

. . . .

. . . .

. . . .

c) *Comme adjectif verbal :*

. . . .

. . . .

. . . .

3) *Trouvez deux mots dans la dictée commençant par le son* f *mais écrit* ph.

Cherchez – au besoin en vous aidant de votre dictionnaire – cinq mots commençant par ph *et cinq mots comportant ce couple de lettres en leur milieu.*

. . . .

. . . .

. . . .

. . . .

. . . .

LEÇON 37

1) *Complétez, si besoin est, les terminaisons des participes passés des verbes pronominaux dans les phrases suivantes :*

1. Elle s'est coupé . . . au doigt.
2. Elle s'est coupé . . . le doigt.
3. La mère s'est sacrifié . . . pour ses enfants.
4. Les fonctions qu'ils se sont arrogé . . . sont exorbitantes.
5. Ils se sont nui . . . sans le savoir.
6. Les murs de la maison se sont écroulé . . ..
7. Ils se sont vite aperçu . . . de leur erreur.
8. Ils se sont saisi . . . à la gorge.
9. Ils se sont rendu . . . à l'ennemi.
10. Ils se sont raté . . . à la gare.

2) *Six verbes de la dictée redoublent leurs consonnes. Trouvez-les et insérez-les dans les phrases suivantes en faisant attention aux accords.*

1. Au dernier moment ils se sont . . . . qu'ils avaient un rendez-vous.

2. Je reviens de chez le photographe. Les films ne sont pas encore . . . . . .

3. Elle avait tout d'abord été . . . . pour tenir le rôle de Chimène mais elle fut . . . . chez le régisseur qui avait décidé d'en nommer une autre.

4. Je n'ai rien vu du tout. Cette histoire s'est . . . . à un moment où j'avais été . . . . dans le bureau de mon patron.

3) *Trouvez trois homonymes des mots suivants pris dans la dictée :*

a) *Seine* estrade sur laquelle jouent les comédiens . . . .
qui ne contient aucune impureté . . . .
dernier repas du Christ . . . .

b) *Sais (je)* présentatif utilisant l'auxiliaire être . . . .
adjectif possessif pluriel de 3e personne . . . .
adjectif démonstratif pluriel . . . .

c) *Temps* adverbe de quantité . . . .
insecte dont la piqûre est douloureuse . . . .
1re personne du singulier du présent de l'indicatif d'un verbe signifiant : chercher à atteindre son but . . . .

LEÇON 38

1) *En mettant les bonnes terminaisons des participes passés précédant les infinitifs et en prenant la dernière lettre de chacun d'eux, vous découvrirez le prénom d'une jeune princesse autrichienne, héroïne de nombreuses histoires.*

1 Les poissons que j'ai vu . . . nager étaient énormes.

2. Nous avons ouï . . . dire que c'étaient des espadons.

3. Les cornes de brume que nous avons entendu . . . retentir signalaient deux gros cargos.

4. Personne ne les avait vu . . . venir.

5. Ils ont failli . . . prendre notre embarcation en écharpe.

2) *Trouvez les mots extraits de la dictée correspondant aux définitions suivantes :*

a) *En cinq lettres.*

Bon dessert
Miroir
Eau à l'état solide
→ . . . .

b) *En quatre lettres.*

Visage
Côté
Devant
→ . . . .

3) *Écrivez les homonymes des mots suivants :*

a) (nom) — *Verre*
couleur ....
préposition indiquant la direction ....

b) (adverbe de lieu) — *Là*
note de musique ....
article défini féminin ....

c) (adjectif), qui n'est pas en bas — *Haut*
boisson rafraichissante ; élément naturel ....
exclamation ....

d) (pronom relatif) — *Dont*
qualité innée ....

e) (nom), ensemble d'éléments — *Corps*
instrument de musique utilisé à la chasse ....

f) (nom), choc — *Coup*
partie du corps soutenant la tête ....
prix ....

g) (nom), terminaison — *Fin*
besoin de celui qui désire manger ....
3e personne du singulier du présent de l'indicatif d'un verbe du 3e groupe signifiant *simuler* ....

h) 3e personne du singulier de l'imparfait du verbe *cacher* — *Cachait*
somme versée à un artiste ou comprimé médicamenteux ....

LEÇON 39

1) *Écrivez dans les colonnes suivantes tous les mots invariables que vous connaissez formés à partir des éléments donnés.*

- tôt	- fois	de -	par -
....	....	....	....
....	....	....	....
....	....	....	....
....	....	....	....
....	....	....	....

2) *Dans le demi-cercle de droite (entre 1 et 16) vous trouverez le début de mots invariables ; dans le demi-cercle de gauche (entre 17 et 32) vous trouverez la fin de ces mêmes mots. Assemblez les deux parties des mots que vous écrirez ensuite sur les lignes prévues à cet effet. Attention, il existe 22 assemblages possibles*

Exemples : 13 + 28 = jamais ; 14 + 28 = désormais.

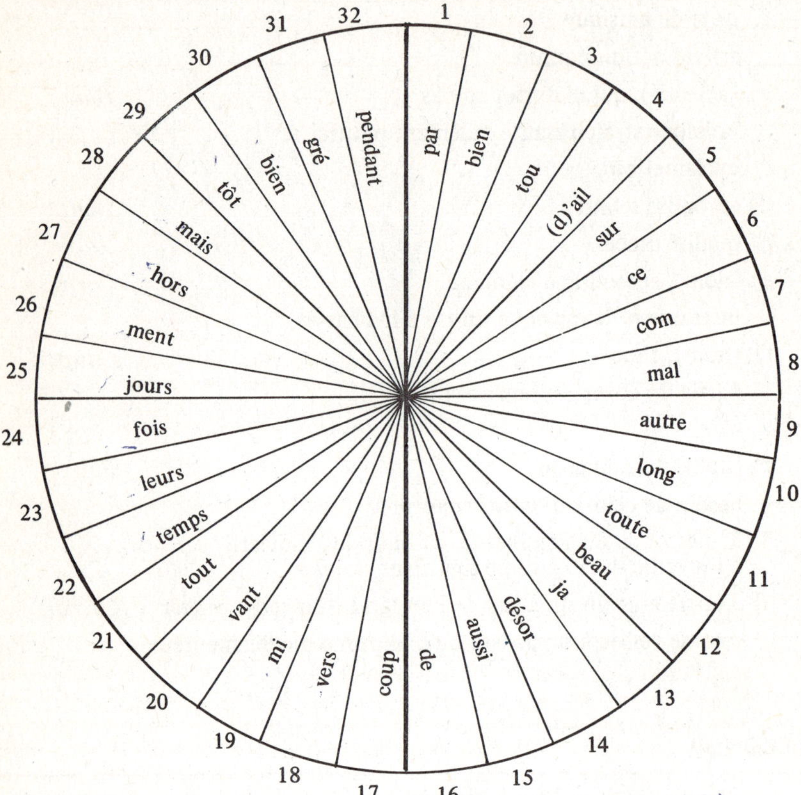

1. 12 + 17 = beaucoup
2. 1 + 21 = Partout
3. 2 + 29 = bientôt
4. 3 + 25 = Toujours
5. 4 + 23 = d'ailleurs
6. 7 + 26 = Comment
7. 8 + 31 = Malgré
8. 9 + 26 = Autrement
9. 10 + 22 = Longtemps
10. 11 + 24 = Toutefois
11. 14 + 28 = Désormais
12. 15 + 29 = Aussitôt
13. 13 + 28 = jamais
14. 16 + 19 = Demi
15. 1 + 19 = Parmi
16. 1 + 24 = Parfois
17. 6 + 32 = Cependant
18. 3 + 25 = Toujours
19. 5 + 21 = Surtout
20. 5 + 26 = surement
21. 7 + 19 = Comme
22. 9 + 24 = Autrefois

Corrigés des exercices

CORRIGÉS DES EXERCICES

Leçon n° 1

1) la té/lé/vi/sion ; ter/ri/ble ; é/lé/va/-tion ; es/ti/val ; un é/té ; ê/tre ; un per/co/-la/teur ; un pè/re ; une per/drix ; un té/-moin ; une at/tes/ta/tion ; un re/gret ; re/gret/ter ; dé/tes/ter ; dé/ses/pé/rer ; ré/flé/chir ; s'em/pres/ser ; in/ter/pré/ter ; tê/tu ; une tê/te ; un hê/tre ; je m'ap/pel/-le ; dé/ce/ler ; je jet/te ; un re/pè/re.

2) a) Chère Maman, cher Papa, chers frères et sœurs. Dès que je suis arrivé chez grand-mère, nous sommes allés faire une promenade en forêt du côté des étangs.

b) Grand-mère a cru que je n'aimais pas marcher mais elle a dû réviser son jugement quand elle m'a vu si sûr de moi. Elle m'a dit en souriant que puisque je voulais jouer les caïds, je n'avais qu'à porter le sac à dos.

c) Au bout de cinq kilomètres, les courroies du sac me blessaient les épaules et je la traitais de bourreau. Elle rit et me répliqua d'une voix aigüe que j'étais égoïste parce que je voulais garder le sac tout le temps.

d) Nous avons ramassé beaucoup de champignons. Dire que ce sont des moisissures, je ne peux y croire ! Grand-mère a porté le sac au retour. Il était lourd.

e) Nous avons mangé le soir de Noël une salade de champignons. Grand-mère avait sorti sa vaisselle de faïence et avait orné la salle à manger de glaïeuls. Nous nous sommes régalés ! Et pourtant j'ai ouï-dire que certains haïssent cela.

f)Je pense à vous, je vous embrasse, à bientôt.

3) Par exemple : a) élément, éléphant, été, télévision, élévateur, élégance, élégie, événement, épée, société, éternité, égalité.
b) dégrèvement, élève, prélèvement, décès, épithète, phénomène.
c) côté, pâté, pâtée, mêlée, théâtre, déchaînement.
d) héroïne, glaïeul, troïka, scie égoïne, ciguë, caïman, capharnaüm, laïus, baïonnette, caïd, faïence, païen.

Leçon n° 2

1) 1. faux : je mouds ; 2. faux : nous mangeons ; 3. exact ; 4. faux : il bat ; 5. faux : tu mets ; 6. exact ; 7. faux : on conclut ; 8. faux : elle absout ; 9. exact ; 10. faux : il connaît.

2) a) e, s ; b) x ; c) t ; d) e, t, d ; e) s, x.

3) *Horizontalement :*
1. aimes ; 2. utilises ; 3. fais ; 4. salue ; 5. croit ; 6. peint ; 7. taxes ; 8. éteint ; 9. otez ; 10. sommes.
Verticalement :
I. faites ; II. mens ; III. peux ; IV. es ; V. suis ; VI. nageons ; VII. lit ; VIII. écrit; IX. poétise ; X. est ; XI. tait.

Leçon n° 3

1) Lecture horizontale :
1. Quatre-vingt-douze mille cinq cent quatre-vingt un ; 2. Cinquante mille ; 3. Quatre mille trois cents.
Lecture verticale :
4. Quatre-vingt-quinze ; 5. Deux cent quatre ; 6. Cinq mille trente-et-un ; 7. Huit cents ; 8. Mille un.

2) a) deux, quatre cents, trentièmes ; b) mille ; c) trente-six ; d) quatre-vingts, quatre-vingt-trois ; e) sept cent quatorze, quatre-vingt-douze, vingt et un ; f) vingt-six, mille (ou mil), neuf cent quatre-vingt ; g) vingt-trois, onzième ; h) sept cents ; i) cinquante trois millions ; j) quinze milliards.

Leçon n° 4

1) 1. Leurs (adjectif possessif) ; 2. leur (pronom personnel pluriel invariable) ; 3. leur (adjectif possessif) ; 4. leur (adjectif possessif), leurs (pronom possessif) ; 5. leurs (adjectif possessif).

2) Leurs ; à bâbord ; hors ; or ; aperçut; leur ; tribord ; la canonnade ; affolement.

Leçon n° 5

1) 1. Je dormais, il entra ; 2. brillait, je décidai ; 3. J'étais ; 4. Il déjeunait ; 5. il déjeuna, sortit ; 6. je le trouvai ; 7. conquit.

2) 1. Il pleuvait, il rentrèrent ; 2. déclinait, envahit, voyions, eûmes ; 3. craignit, enchantait ; 4. connaissions, se finit; 5. couchâmes, nous dormions.

3) 1. Je lisais, je me levai et le décrochai ; 2. il buvait ; 3. lui sembla ; 4. déraillait ; 5. fut évitée, valut.

Leçon n° 6

1) 1. est allée ; 2. ai lu ; 3. a racontée, a tenue éveillée ; 4. a indiqué ; 5. étaient partis ; 6. ai chantée ; 7. a donnés ; 8. sont sorties ; 9. ai posé.

2) 2. Elle a lu ; 3. a raconté ; 4. a indiqué ; 5. étaient parties ; 6. j'ai chanté ; 7. a données ; 8. sont sortis ; 9. ai posée.

3) bouleversé ; inclinée ; couché ; ravie ; talonné ; ombragées ; enlevé ; soulevé ; emporté ; cabrée ; enlevée ; couru ; arrêtée ; agenouillé ; mêlé ; passionnés.

Leçon nº 7

1) 1. ou ; 2. prêt à, si, près de ; 3. où, s'il, où ; 4. ou, s'y ; 5. près de, s'y.

2) 1. Faux : si ; 2. faux : près de, où ; 3. exact ; 4. faux : s'y ; 5. exact ; 6. exact ; 7. faux : s'il ; 8. faux : prêt à, s'il, ou ; 9. exact ; 10. faux : s'y ; 11. exact ; 12. exact ; 13. faux : près de ; 14. faux : ou, ou.

Leçon nº 8

Horizontalement :
1. ravi, lutter ; 2. ée, ue, as ; 3. prévint, put ; 4. ou ; 5. ée, allée ; 6. conclue ; 7. prêt, ont ; 8. si ; 9. défaillit ; 10. es, tue, eus.

Verticalement :
1. de ; 2. repue, près ; 4. vue ; 5. tait ; 6. mille, lu ; 7. le ; 8. lut, si ; 9. u, reçoit ; 10. tue, on ; 11. te, cents ; 13. rappelions ; 14. su ; 15. leurs.

Leçon nº 9

1) co/signataire ; co/sinus ; pré/selection ; dé/suétude ; anti/sémite ; mono/-syllabe ; anti/septique ; para/soleil ; a/sepsie ; vrai/semblable ; in/sondable ; in/sensé ; pré/séance ; entre/sol ; contre/-sens.

2)

s = [s] : égoïsme, buste, course, nonobstant, spécial, soins // s'arrêter, se diriger, seul, s'engager, distingua, instant, sèche, serra, ses.
ss : assez, visser // redresser, angoissé, laissant, passage.
s = [z] : toison, maison, rhésus, usine, transitif, subsister, viser, balsamine // cousin, phrases.
t = [s] : confidentiel, facétie.
c : accéder, puce, douce // c'est.
ç : perçu, grinçant.
sc : sceptre, scinder.
s = [s] : dix, Bruxelles, soixante, six.
s non prononcé : une fois, bas, vais, vous, toujours.

3) Par exemple : mépris, cas, brebis, mets, refus, Paris, Fresnes, Dumesnil, gras, gros, pas, schéma, pain bis, fonds, talus, dos, bras, pays, mais, taillis.

Leçon nº 10

1) On n'avait guère le choix ; on devait aller chercher ; on a bravé ; on avait à peine quitté ; on avait encore quatre kilomètres ; on n'était plus très sûrs ; on avait omis ; qu'on allait sûrement se perdre ; qu'on n'avait qu'à rebrousser chemin ; on a allongé le pas ; on avait été peu prévoyants ; n'était-on pas arrivés à la gare.

2) 1. On a autant d'argent que Paul ; 2. C'est lui qu'on attrapera ; 3. La voiture était en panne, on n'a pas pu venir ; 4. Le professeur s'est rendu compte qu'on n'avait guère travaillé ; 5. Il est temps qu'on ait des vacances ; 6. C'est le meilleur match qu'on ait jamais vu ; 7. On n'a jamais cru à sa défaite ; 8. Crois-tu qu'on ait cette chance ? 9. Comment saura-t-il si on apporte le dessert ? 10. On hiberne.

3) *Horizontalement :*
1. Humanité ; 2. hotte ; 3. hêtre ; 4. hantés ; 5. homme ; 6. hideux ; 7. halage ; 8. chahut ; 9. hue ; 10. heureux ; 11. thème ; 12. honnête ; 13. honneur ; 14. hésite.

Verticalement :
I. Hétéroclite ; II. Rhône ; III. haute ; IV. hilarant ; V. ah ; VI. hutte ; VII. hérétique ; VIII. héros ; IX. bahut ; X. hérite.

Leçon nº 11

1) 1. que j'aille : exact - présent ; 2. qu'il dormit : faux - indicatif passé simple ; 3. que tu naisses : exact - présent ; 4. que nous vivons : faux - indicatif présent ; 5. que vous dites : faux - indicatif présent ; 6. que vous lisiez : exact - présent ; 7. qu'ils missent : exact - imparfait ; 8. qu'il battit : faux - indicatif passé simple ; 9. que tu cherches : exact - présent ; 10. que je puisse : exact - présent.

2) *Horizontalement :*
1. renvoyions ; 2. aboient ; 3. aies ; 4. aimes ; 5. agissions ; 6. viennes ; 7. soit ; 8. aillent.

Verticalement :
I. rayes ; II. aie ; III. vienne ; IV. boives ; V. suive ; VI. soyons ; VII. cessiez.

3) 1. vînt ; 2. pussions ; 3. épousât ; 4. fissiez ; 5. ait été ; 6. ait aimé ; 7. ait fini ; 8. se soit levé.

Leçon nº 12

1) des lave-vaisselle ; des passe-partout ; des coffres-forts ; des casse-tête ; des garde-barrière(s) ; des essuie-mains ; des sourds-muets ; des tourne-disques ; des taille-crayons ; des gardes-malades ; des sous-chefs ; des chasse-neige ; des tire-bouchons ; des réveille-matin ; des sous-vêtements.

2) 1. de son ami, de foin ; 2. de textes; 3. de cigarettes ; 4. de fraise ; 5. de beurre; 6. de briques, de passage, de meulière ; 7. de frênes, de faisans.

Leçon nº 13

1) Mots en *-aux* : chevaux, étaux, coraux, vitraux, joyaux, noyaux, travaux. Mots en *-eaux* : carreaux, tréteaux, rideaux, morceaux, tableaux. Mots en *-aus* : landaus.

2) ramassé, un ramassis ; fini, une fin ; mis, une mise ; relayé, un relais ; outillé, un outil ; interdit, un interdit et une interdiction ; choisi, un choix ; réduit, un réduit ; écrit, un écrit et une écriture ; construit, une construction ; appris, apprenti ; balayé, un balai ; puni, un puni et une punition ; abrité, un abri.

Leçon nº 14

1) Passé simple en *-ai, -as, -a, -âmes, -âtes, -èrent* : manger, abreuver, aller, serrer ; 2. Passé simple en *-is, -is, -it, -îmes, -îtes, -irent* : rendre, réduire, apprendre, descendre, battre ; 3. Passé simple en *-us, -us, -ut, -ûmes, -ûtes, -urent* : croire, avoir, être, conclure, pouvoir ; 4. Passé simple en *-ins, -ins, -int, -înmes, -întes, -inrent* : contenir, parvenir.

2) 1. je suivis, il suivit, que je suivisse, qu'il suivît ; 2. je vécus, il vécut, que je vécusse, qu'il vécût ; 3. je dis, il dit, que je disse, qu'il dît ; 4. je cuisis, il cuisit, que je cuisisse, qu'il cuisît ; 5. je confis, il confit, que je confisse, qu'il confît ; 6. je lus, il lut, que je lusse, qu'il lût.

3) 1. crus ; 2. écrivît ; 3. tinsse ; 4. nagea ; 5. rit ; 6. partit ; 7. marchasse.

I. appela ; II. lurent ; III. rinçai ; IV. liai ; V. sourîtes ; VI. bût ; VII. ratât. Il y a 4 accents circonflexes dans la grille.

Leçon nº 15

1) *Privatif* : athée, indigne, inapte, inouï ; *augmentatif* : affaiblir, accroître, aggraver ; = *dans* : encarter, enchâsser, emmancher, introduire, incarcérer ; = *loin de* : aversion, enlever, emporter ; = *vers, en direction de* : attendre, apporter, atterrir

2) Enflammer, enlever, emporter et importer, infiltrer, insuffler, immobiliser, emmener, enchâsser, inonder, emmancher, enfourner, immerger et émerger.

3) 1. Add*ition*n*er* ; 2. ad*resse*r ; 3. a*grand*ir ; 4. a*grément*er ; 5. a*gripp*er ; 6. ag*grav*er ; 7. ag*glutin*er ; 8. ag*glomér*er; 9. a*larm*er ; 10. a*liment*er ; 11. al*long*er ; 12. al*lum*er.

Leçon nº 16

1) A. verbes en *ap-* : apercevoir, aplatir, aplanir, apaiser, apitoyer.

B. verbes en *app-* : apprendre, apprivoiser, approcher, appliquer, applaudir.

2) 1. Les cris perçants des chouettes déchirèrent les nuits qui enveloppaient les taillis ; 2. Nous eûmes tous les déménagements à faire ; 3. Les terres inassouvies se gorgèrent des trop-pleins de pluie; 4. Comment se fait-il que nous n'ayons encore rien reçu ?

3) 1. accéder, décéder, concéder ; 2. allonger, prolonger ; 3. déclamer, proclamer, acclamer, réclamer ; 4. emmener, démener, promener, surmener, amener ; 5. apporter, importer, déporter, transporter, comporter, supporter ; 6. détester, attester, protester, contester ; 7. attarder, retarder ; 8. transposer, imposer, déposer, apposer, reposer, supposer ; 9. déplacer, replacer ; 10. apprendre, comprendre, surprendre, reprendre.

Leçon nº 17

1) 1. Marion a égaré ses documents ; 2. Que penses-tu faire de ces cailloux ? 3. Quand cesseras-tu de nuire à ces pauvres animaux ? 4. Je crois qu'il a maintenant rongé tous ses ongles ; 5. Chaque âge a ses plaisirs ; 6. Ses parents sont surpris par son comportement ; 7. J'aime contempler ces toits, ces rues et ces boutiques ; 8. L'arbre tout doucement commençait à perdre ses feuilles, tandis que ses roses jaunes prospéraient dans le jardin ; 9. Le pêcheur attendait patiemment avec ses cannes à pêche tandis que les promeneurs lui posaient ces questions : ... ; 10. Ces bourgeons, ces crocus, ces chants d'oiseaux annonçaient le printemps et ses bourrasques intempestives.

2) 1. Faux : C'est mon cousin ; 2. Faux : Elle ne tenait plus sur ses jambes ; 3. Faux : S'est-elle assurée de l'heure ? 4. Exact ; 5. Faux : Marc a pris toutes ses affaires ; 6. Exact ; 7. Faux : Elle s'est mise à rire ; 8. Faux : Cela s'est passé le 8 mai ; 9. Faux : A quand ces réjouissances ? 10. Exact.

3) Un Italien ; l'Europe ; lundi 28 avril ; le Poitou ; 1er Mai (date historique); un Espagnol ; un Péruvien ; ni l'anglais ; le 3 mai à Paris ; Victor Hugo et Juliette Drouet ; en portugais et en tchèque.

Leçon nº 18

1) 1. Il faudrait que je lise les journaux tous les jours ; 2. Je me demande pourquoi ils étaient tout déconfits ; 3. De toutes parts, des cris fusaient ; 4. Ils pourront venir à tout moment ; 5. Écrivez votre nom en toutes lettres, s'il vous plaît ! 6. Ma sœur tout occupée à ses affaires, ne m'a pas entendu arriver ; 7. Le coureur de Marathon est arrivé tout d'une traite ; 8. Toute autre personne que moi aurait failli à sa parole ; 9. Il doit apporter sa guitare tout à l'heure ; 10. Ils étaient tous présents pour le défilé.

2) Tout semblait lui réussir. N'avait-il pas de tout temps conquis son auditoire ? Pourtant Hervé s'avançait tout inquiet devant le public. Il connaissait presque toute la salle et y reconnaissait tous ses amis . Mais, tout à coup, une émotion intense l'envahit ; à quoi pouvaient bien servir toutes ces réunions ? Quelle force le contraignait à se commettre ainsi devant tous ces gens ?

La magie se produirait bientôt, tous ses soucis, toutes ses hésitations seraient balayés.

Une fois encore ses tours de passe-passe aboliraient les résistances de tous ces scientifiques imbus d'eux-mêmes ; l'illusion triompherait.

Leçon nº 19

1) 1. à l'hôpital : complément circonstanciel de lieu ; 2. au rêve : complément de l'adjectif propices ; 3. à l'aventure : complément circonstanciel de manière ; 4. à ce que serait une vie de loisir : complément d'objet indirect ; 5. à ton âge : complément circonstanciel de temps ; 6. à l'oreille : complément circonstanciel de moyen ; 7. à l'étouffer : complément circonstanciel de conséquence ; 8. aux hommes : complément d'attribution ; 9. à quatre heures : complément circonstanciel de temps ; au cinéma : complément circonstanciel de lieu ; 10. à petits pas : complément circonstanciel de manière.

2) 1. Il m'a dit qu'à tout prendre il préférerait rentrer à Paris plutôt que d'attendre ses cousins à Lyon ; 2. Je t'assure que cette fille a reçu un pot de fleurs sur la tête à l'âge de huit ans ; 3. Nous avons à nous dépêcher, marchons à grandes enjambées ; 4. Si ce livre ne lui plaît pas, il n'a qu'à le donner à Rodolphe qui pourra l'échanger contre une flûte à bec ; 5. Il a affirmé que ce spectacle était difficile à comprendre ; 6. Attends-moi là et parle à ton père pendant ce temps ; 7. Il a enregistré ce disque à Ivry lorsqu'il a travaillé à la maison des jeunes.

3) 1. Quoi qu' ; 2. quoiqu' ; 3. quoi ! que ; 4. quoique ; 5. quoi qu' ; 6. quoique; 7. quoi que.

Leçon nº 20

1) 1. rencontrer ; 2. nager ; 3. aimé, jouer ; 4. tirer ; 5. oublié, fermer, entrée ; 6. fumé, penser, racheter ; 7. galopé, arriver, rattraper ; 8. naviguer, s'arrêter ; 9. laissés, jeter ; 10. ramassées, mangées, soucier, laver.

2) *Réponses possibles :*
1. Faire vite et succulent (*Marie-Claire*) ; 2. Pour bien prononcer fruit and nuts of Cadbury's, mangez-en ; 3. Passer des vacances différentes pour seulement quelques roupies de plus, c'est un luxe (U.T. A.) ; 4. Pudie : collants bien chauds pour se moquer du froid ; 5. Vivre Femme (Almina - Paris) ; 6. Pour faire paraître votre peau vraiment soyeuse (H. Rubinstein) ; 7. Partir au pays de la mer ; 8. Puisqu'il faut payer, autant que ce soit commode (la Redoute) ; 9. Le fromage à toastiner (la Vache qui rit) ; 10. Pour commander, un coup de fil et voilà (la Redoute).

3) 1. couler ; 2. s'arrêter ; 3. trouvée ; 4. laisser ; 5. arriver ; 6. laissés ; 7. souffler; 8. se dresser.

Leçon nº 21

1) 1. Il les protégeait de la pluie ; 2. Carole ramassait tout ce qu'offraient les marchands ; 3. Beaucoup songent aux vacances ; 4. Depuis quelques jours vous ne cessez de vous agiter ; 5. Luc, Eve et Didier parcourent les sentiers de grande randonnée, n'espèrent-ils pas rencontrer l'aventure ? 6. Tous, perdus dans leurs pensées, omettaient de lui prêter attention; 7. Chaque partie de cet immeuble de huit étages représente un défi au bon goût ; 8. Peu de personnes restent fidèles ; 9. Quelques-uns arrivent à se faire connaître ; 10. Un zeste de citron, une cuillerée de sucre et un volume d'eau constituent une excellente boisson.

2) Pierre, j', on arrive ; tu chantes ; Pierre et moi irons ; je, tu vends ; toi qui rendais ; moi qui, toi, Pierre, tu pars. Résultat : 311212.

3) *Par exemple :*
a) Le petit et le grand forment un contraste ; b) Un peu de respect n'a jamais nui à quiconque ; c) Ma sœur et moi partons nous installer à Lyon ; d) Bien comprendre est souvent utile ; e) Une centaine de francs représente une petite somme ; f) Plus d'un chef d'état est critiqué ; g) Trop d'élèves sont inattentifs ; h) Peu de gens acceptent l'idée de la mort.

Leçon n° 22

1) une ouvrière ; une brutalité ; une lectrice ; une portée ; la pureté ; une montée ; une pelletée ; une stabilité ; une baronne ; une efficacité ; une ogresse ; une retraitée ; une poule; une charretée ; une tante ; une pâtée ; la fierté ; la sincérité ; la cadette ; la santé ; la témérité ; la durée.

2) *Par exemple :*
1. Même ses parents ne la croyaient pas ; 2. Même en vacances il travaille ; 3. J'ai trouvé les mêmes réponses que toi ; 4. On prend les mêmes et on recommence ; 5. Ce sont les mots mêmes que j'ai entendus ; 6. Ils n'ont qu'à remplir leur dossier eux-mêmes.

3) 1. Des exaltées se sont présentées au bureau de renseignements . 2. Une quantité très grande de céréales est envoyée chaque année vers les pays étrangers ; 3. Christophe a agi avec fierté malgré les difficultés de sa situation ; 4. Les notes de musique figurent sur une portée ; 5. La pâtée du chien n'est pas préparée ; 6. Karine n'aime pas la brutalité, pourtant c'est un moyen d'une grande efficacité ; 7. La guerre a trop duré ; les généraux eux-mêmes en sont lassés ; 8. Les enfants sont sollicités malgré leur peu d'efficacité ; 9. Prends donc une assiettée de crudités ; 10. Tout de même, tu n'aurais pas dû acheter les mêmes.

Leçon n° 23

1) 1. Il l'a vue sortir du restaurant ; 2. Faut-il la conduire chez ses parents pour qu'ils la soignent ; 3. C'est lui qui l'a inventé ; 4. Il la prit tout à coup et la poussa brutalement dans l'encoignure de la porte et là, il la frappa ; 5. On l'a compris à force de patience ; 6. L'a-t-il accepté ? 7. Le Jura ? On l'a traversé de fond en comble ; 8. Je t'assure qu'il l'a tancée vertement ; 9. Elle l'a pourtant prévenu de son départ.

2) 1. Je lui ai proposé mon aide ; 2. Ils vont souvent au restaurant ; 3. Ne lui as-tu pas prêté ce disque ? 4. Nous n'étions pas contents de lui ; 5. Je pense souvent à eux ; 6. L'as-tu revue ? 7. Les avez-vous rencontrés ? 8. Irons-nous le voir ? 9. On m'a dit qu'ils l'ont déjà visitée ; 10. Derrière eux s'avançaient leurs parents.

Leçon n° 24

1) Des milliers d'insectes envahissent les caves ; 2. Anne, Luc et Pierre partent pour la Guadeloupe ; 3. L'eden n'est qu'un leurre ; 4. La pluie et le brouillard gênent les astronomes ; 5. Victor raffole des biscottes ; 6. Sylvain et toi, vous ne vous quittez plus ; 7. Les vacances sont finies ; 8. La concierge est dans les escaliers ; 9. Une paire de lunettes coûte environ 300 francs ; 10. Trop d'automobilistes sont imprudents.

2) *Par exemple :*
C'est à prendre ou à laisser. Vendre la peau de l'ours avant de l'avoir tué. Mieux vaut prévenir que guérir. Il faut manger pour vivre et ne pas vivre pour manger. Rien ne sert de courir, il faut partir à point. Tel est pris qui croyait prendre. Partir c'est mourir un peu. Mieux vaut tenir que courir. Tout arrive à qui sait attendre. Souffler n'est pas jouer. Il faut cultiver son jardin.

3) 1. Tous *ces* gens ne pensent qu'*à* partir en vacances ; 2. Les comédiens eux-mêmes avaient *oublié* leur texte ; 3. Ce n'est qu'un *tout* petit chagrin ; 4. Trop de *bonté* te perdra ; 5. La dictée contenait un grand nombre de *difficultés* ; 6. Je ne les *oublie* pas malgré les *apparences* ; 7. *Quant* à Karine et Jenny, si nous les avions *prises* nous aurions *eu* des regrets ; 8. Ne prends pas cet anorak, *c'*est le mien ; 9. J'ignore si elle *s'*est blessée à la jambe ; 10. Ne rate pas ton train, il est *à* huit heures.

Leçon n° 25

1) 1. fort contents ; 2. droit ; 3. chers, ensemble, grandes, impromptu ; 4. pleins, fermés ; 5. claires ; 6. debout, assises ; 7. kaki ; 8. rouges, vertes, bleu foncé ; 9. brunes, orange ; 10. bleue, naturelle.

2) *Par exemple :*
A. abricot, acajou, améthyste, ardoise, argent, auburn, aurore, azur. B. bistre, brique, bronze, bulle, bitume, basane. C. café, capucine, caramel, carmin, cerise, chamois, champagne, chocolat. M. marengo, marron, mastic, moutarde, myosotis, marine. P. paille, perle, pervenche, pie, pistache, prune, puce, pastèque.
Note : pour les autres adjectifs, vérifiez dans le dictionnaire la justesse de la réponse.

3) défi, beffroi, affirmation, téléphone, défaut, échafaud, défectueux, affaire, alphabet, affront, juif, paragraphe, phrase, photo, phosphore.

Leçon n° 26

1) Inscription, acquisition, session, discussion, délation, nation, ablution, diction, désertion.

2) Action, désolation, conviction, prévention, prétention, extension, mention, omission, adoption, torsion, promotion, dépression, aération, opposition, attribution, percussion.

3) Dans votre texte, les mots donnés deviendront, au pluriel : clous, genoux, loups, fous, toux, roux, atouts, jougs, cailloux, hiboux, trous, bouts, poux, boues, houx.

Leçon n° 27

1) Quelques ; 2. quelles que ; 3. Quelle que ; 4. quelques ; 5. quelque ; 6. quelques ; 7. quelle ; 8. quels que ; 9. quelquefois ; 10. quelque.

2) Quai ; elle ; queue ; pars ; se ; trou ; veux ; quel ; Quint → quelque part se trouve quelqu'un.

3) 1. Censeur ; 2. fleur ; 3. sueur ; 4. râleur ; 5. cœur ; 6. sœur ; 7. lueur ; 8. erreur ; 9. pudeur ; 10. heure ; 11. beurre.

Leçon n° 28

1) Noms communs et noms propres : ban, banc, cens (impôt), camp, dent, faon, gant, gens, gang, Gand (ville belge), Lens (ville du Pas-de-Calais), Laon (ville de l'Aisne), paon, pan (surface), rang, sang, sens, temps, taon, vent, van (panier à vanner le blé), van (fourgon à chevaux).
Adjectifs : cent, lent.
Prépositions, conjonctions : dans, quand, quant (quant à), sans, tant.
verbes : ment, sent.

2) 1. sans ; 2. cent, s'en ; 3. sans ; 4. sang ; 5. sans, s'en, sans ; 6. cent ; 7. s'en ; 8. sans ; 9. s'en ; 10. sans ; 11. sens ; 12. sens ; 13. sens, sens ; 14. cent, s'en, sang.

Leçon n° 29

1) *Par exemple :*

ɛ = e : bec, sec, cher, fer, mer.
ɛ = è : poème, lèvre, fièvre, chèque, pastèque.
ɛ = ê : fête, rêve, tête, hêtre, bêlement.
ɛ = et : discret, briquet, paquet, navet, sachet, criquet.
ɛ = ai ou aî : quai, aîné, traîneau, traître, faire.
ɛ = ais : mais, chais, laquais, dais, palais.
ɛ = aie : raie, plaie, haie, roseraie, craie.
ɛ = ait : lait, était, avait, fait, trait.

2) 1. qu'il ait ; 2. n'est ; 3. Est-ce ; 4. aies ; 5. qu'on ait ; 6. n'est ; 7. que j'ai ; 8. qu'il ait ; 9. qu'il n'est ; 10. que j'aie ; 11. qu'ils n'aient ; 12. j'ai ; 13. que j'aie ; 14. qu'il est, qu'il n'ait.

Leçon n° 30

1) Sérieusement ; 2. savamment ; 3. petitement ; 4. vraiment ; 5. prudemment ; 6. nullement ; 7. gaiement ; 8. gentiment.

2) 1. très, trop, pourtant, ne... pas ; 2. n'... pas, davantage ; 3. vraiment, ne... pas, comment ; 4. rapidement ; 5. ensemble ; 6. ne... que ; 7. fort ; 8. prudemment, vraiment ; 9. peu ; 10. droit, directement; 11. plus, haut ; 12. où, rapidement.

3) *Substantifs :* bois, doigt, foie, foi, fois, Foix (ville du sud-ouest de la France), joie, loi, bois, mois, noix, pois, poix, roi, rois, soie, toit, voix, voie.
Pronoms : moi, soi, toi.
Verbes : bois, boit, dois, doit, noie (de noyer), sois, soit, vois, voit.

Leçon n° 31

1) 1. quand ; 2. qu'en ; 3. qu'en ; 4. qu'en ; 5. quant, quand, qu'en ; 6. quant ; 7. quand ; 8. quand ; 9. quant ; 10. quand.

2) 1. aucun ; 2. on ; 3. personne ; 4. quelqu'un ; 5. tous.

3) *Horizontalement :*
1. jetée ; 2. tie ; 3. régner ; 5. clarté ; 6. ailée.
Verticalement :
I. roc ; II. été, la ; III. tigrai ; IV. éen ; V. te ; VI. armée.

Leçon n° 32

1) 1. Nulle amie n'est venue me voir malgré les chaleureuses recommandations qui avaient été faites publiquement ; 2. Il s'en va nu-pieds ; 3. Prends ces tissus orange plutôt que les fauves, ils t'iront mieux ; 4. Il y a un train toutes les demi-heures ; 5. Cette encre est-elle bleu-noir ?

2) 1. carnation ; 2. rémission ; 3. association ; 4. collation ; 5. démission ; 6. absorption ; 7. régression ; 8. prétention ; 9. inversion ; 10. invention.

3) 1. Ils sont sans foi ni loi ; 2. Cent quatre pèlerins ont cheminé vers la Mecque ; 3. Le vampire est friand de sang ; 4. Comment s'en sort-il ? 5. Qui a pris les cent francs de la corbeille ? 6. Je ne sais pas si j'ai pris le bon sens ; 7. Le cens était-il un impôt ? 8. Il m'a bousculée sans s'en apercevoir ; 9. Quels sont les différents sens de ce mot ? 10. Il m'a quitté sans un mot.

4) 1. carrément ; 2. longuement ; 3. soigneusement ; 4. solennellement ; 5. plaisamment ; 6. justement ; 7. pleinement ; 8. bruyamment ; 9. fortement, fort ; 10. innocemment.

Leçon n° 33

1) 1. nid. 2. Annie, anis, nie. 3. nie, Nice, ni ; 4. ni de, nitouche ; 5. Nil, n'y, ni, ni, ni ; 6. Nîmes, y,n'y ; 7. n'y.

2) 1. Autant, tant, temps ; 2. Tant, d'autant plus que ; 3. quelque temps, pour autant, temps ; 4. temps, tant soit peu ; 5. tant et plus ; 6. autant, de temps en temps.

3) a) profond, grand - habitant, goût.
b) profonde, profondeur, fondement, fond, fonder ; grande, grandeur, grandiloquent, grandir ; habitante, habiter, habitation ; goût, goûter, dégoûté.
c) *Par exemple* : bond, pied, gland, gant, volant part, dément, mont, art, talent, passant, éléphant.

Leçon n° 34

1) *Horizontalement* :
1. sentira ; 2. mourra ; 3. déduira ; 4. payera ; 5. rirai ; 6. rendra ; 7. issira ; 8. raconterai ; 9. jouera ; 10. serons ; 11. enfuira ; 12. verront ; 13. décriras.
Verticalement :
I. pilleront ; II. ouïra ; III. dérouleront ; IV. dormirait ; V. tiendra ; VI. sauverais ; VII. réduirions ; VIII. ira ; IX. rirait ; X. ras ; XI. serais ; XII. étonnerons ; XIII. courrais.

2) sûr, même, bêler, tantôt, bêlements, pêcheurs, rôdant, tête, êtres, connaîtrions.

Leçon n° 35

1) a) Je pataugeais ; b) il bégaie ; c) nous nous bagarrons ; d) il interrogeait ; e) il s'engagea ; f) vous agirez.

2) a) nous avançons ; b) il balaie ; c) nous nous ennuyions ; d) tu appelles ; e) haleter.

3) a) **appeler** - *présent* : j'appelle, elle appelle, nous appelons, elles appellent ; *imparfait* : tu appelais, il appelait, vous appeliez, ils appelaient.
jeter - *présent* : tu jettes, il jette, nous jetons, vous jetez ; *passé simple* : je jetai, elle jeta, vous jetâtes, ils jetèrent.
héler - *présent* : je hèle, il hèle, vous hélez, elles hèlent ; *imparfait* : tu hélais, elle hélait, nous hélions, ils hélaient.
acheter - *présent* : j'achète, nous achetons, vous achetez, elles achètent ; *passé simple* : j'achetai, tu achetas, nous achetâmes, ils achetèrent.

b) *Verbes avec double l ou t* : s'endetter, sceller, seller. *Verbes avec un accent:* téter, s'entêter, ciseler, écarteler, haleter, fureter, celer, bêler, marteler.

Leçon n° 36

1) 1. en forgeant ; 2. en mangeant ; 3. étant ; 4. vivant ; 5. escaladant, haletante ; 6. naissante ; 7. suffocants ; 8. ébranlant, faisant ; 9. vivantes ; 10. trouvant, en allant ; 11. travaillant ; 12. plaisant, ballants.

2) a) Elle vivant à Nice, lui vivant à Paris, ils n'avaient guère l'occasion de se rencontrer . Suffoquant de rage et d'indignation, il se précipita sur le jeune homme étonné ; b) C'est en vivant en Afrique qu'il a pris de telles habitudes ; il est arrivé à la pharmacie en suffoquant ; c) Est-elle encore vivante ?; cette atmosphère est irrespirable, suffocante.

3) phénomène, physique, pharmacie, philosophe, Philippe, phonographe, physiologique ; aphorisme, amphore, amphithéâtre, dactylographe, télégraphe, téléphone, éléphant.

Leçon n° 37

1) 1. coupée, 2. coupé ; 3. sacrifiée ; 4. arrogées ; 5. nui ; 6. écroulés ; 7. aperçus ; 8. saisis ; 9. rendus ; 10. ratés.

2) 1. rappelé ; 2. développés ; 3. pressentie, appelée ; 4. passée, appelé(e).

3) a) scène, saine, cène ; b) c'est, ses, ces ; c) tant, taon, tends (je).

Leçon n° 38

1) 1. vus ; 2. ouï ; 3. entendues ; 4. vus ; 5. failli →SISSI.

2) a) glace ; b) face.

3) a) vert, vers ; b) la, la ; c) eau, oh ; d) don ; e) cor ; f) cou, coût ; g) faim, feint ; h) cachet.

Leçon nº 39

1) *tôt* : aussitôt, bientôt, tantôt, sitôt ; *fois* : autrefois, toutefois, parfois, quelquefois ; *de* : dessus, dessous, devant, dedans, dehors, devers ; *par* : parmi, parfois, partout.

2) 1. 1 + 19 = parmi ; 2. 1 + 21 = partout ; 3. 1 + 24 = parfois ; 4. 2 + 29 = bientôt ; 5. 3 + 25 = toujours ; 6. 4 + 23 = ailleurs ; 7. 5 + 21 = surtout ; 8. 6 + 32 = cependant ; 9. 7 + 26 = comment ; 10. 7 + 30 = combien ; 11. 8 + 31 = malgré ; 12. 9 + 24 = autrefois ; 13. 9 + 26 = autrement ; 14. 10 + 22 = longtemps ; 15. 11 + 24 = toutefois ; 16. 12 + 17 = beaucoup ; 17. 13 + 28 = jamais ; 18. 14 + 28 = désormais ; 19. 15 + 19 = aussitôt ; 20. 16 + 18 = devers ; 21. 16 + 20 = devant ; 22. 16 + 27 = dehors.

Leçon nº 40

1) A. 1 à 5 : parmi ; 4 à 8 : mille ; 7 à 14 : lèverais ; 11 à 19 : raisonnée ; 19 à 24 : exprès ; 21 à 27 : presque.
B. 1 à 7 : pendant ; 5 à 14 : antécédent ; 10 à 16 : édentée ; 16 à 21 : envers.
C. 21 à 25 : selon ; 23 à 31 : longtemps ; 30 à 39 : pseudonyme ; 38 à 41 : mens ; 39 à 47 : ensevelie.
D. 10 à 14 : éveil ; 11 à 19 : veilleuse ; 17 à 20 : usés ; 18 à 23 : sésame.

2) a) ... le complément d'objet direct si celui-ci est placé avant le verbe. Ex. : Les cerises que j'ai mangées n'étaient pas mûres. b) ... remplacer *on* par *il*. Ex. : On apprend vite (→ il apprend vite) ; on n'apprend guère le soir (→ il n'apprend guère). c) par *-e*, *-t* ou *-d* (à l'exception de avoir, aller, vaincre et ses composés). Ils ne peuvent jamais se terminer par un *-s*. Ex. : Il aime, il conclut, il confond.

CORRIGÉS DES REPÉRAGES DEMANDÉS SUR LES DICTÉES

Leçon n° 1 - *Exemples* : a) accents aigus : été, élevé, sévérité, précepteur, acheté, était, égoïste. b) accents graves : à, où, là, père, mère, chèvre. c) accents circonflexes : âge, crû, sûr, dû, fenêtre, forêt, bêtes, pâte. d) trémas : ouï, naïf, égoïste, haïssait, aïeul.
Dictée : a) syllabes accentuées libres : où, après, attaché, scellé, enfermèrent, répandant, était, honnêtement, désordre, présidait, méchanceté, bâillait, indifférence, métier, réservait, être, sûr, atrocités, légères. b) syllabes accentuées entravées : ressemblaient, rappelle, scellé, quel, des, ses, les, envers, estomac, mettait, elle, réservait, cet.

Leçon n° 2 - *Exemples* : 1re pers. sing. : aime, reçois, veux. 2e pers. sing. : fais, peux. 3e pers. sing. : porte, reçoit, prend. 1re pers. plur. : aimons. 2e pers. plur. : écrivez. 3e pers. plur. : veulent.
Dictée : verbes à l'indicatif présent : dit, faut, viennent, a, pouvons, sommes, aimons, fait, couche, crois, est, veut, entend, rendent, dis, représente, écoute, narre.

Leçon n° 3 - *Dictée* : deux cents, soixante, dix mille, vingt-sept, cinq, cent quatre-vingt cinq, deux cent cinquante, mille et un.

Leçon n° 4 - *Exemples* : a) pronom personnel : leur(1). b) adjectifs possessifs : leur père, leur mère, leurs parents, leurs amis. c) pronom possessif : les leurs (3).
Dictée : a) pronoms personnels : leur (déchargeait), leur (renvoyait), leur (avions envoyé). b) adjectifs possessifs : leur (tonnerre de feu), leur (sommeil), leurs (pièces), leurs (œuvres vives).

Leçon n° 5 - *Exemples* : a) verbes au passé simple : chantai, vécut, allai, prévint, brilla, perçus, écrivirent, vit, rirent. b) verbes à l'imparfait : brillions, payais, chantais, payiez, triais, allaient, riiez.
Dictée : a) verbes au passé simple : produisit, jugeai, mollit, cessa, tomba, s'abattit, sembla, voulus, braillai, surprit, fit, abasourdit, réunîmes, compta. b) verbes à l'imparfait : semblait, retentissaient, trouvait, paraissait.

Leçon n° 6 - *Dictée* : a) participes passés employés comme adjectifs : blanchis, répandu, balancé, remplis. b) participes passés : menti, commises, tué, roulé, tenue, cueillies, suivie, descendu, découvert, pressé, portée.

Leçon n° 11 - *Exemples* : a) subjonctifs présents : fuie, reste, fasse, voie. b) subjonctifs imparfaits : vînt, s'égarât. c) subjonctif passé : ait pensé. d) subjonctif plus-que-parfait : eût souscrit.
Dictée : subjonctifs imparfaits : entendît, partît ; subjonctif plus-que-parfait : eût résidé.

Leçon n° 12 - *Dictée* : prie-Dieu (verbe + nom).

Leçon n° 13 - *Exemples* : a) substantifs en [i] : repris, permis, contredit, réduit, logis, hachis, récit, cri, taillis, sortie. b) participes passés : repris, permis, contredit, réduit, logé, haché, récité, crié, taillé, sorti.

Leçon n° 14 - *Exemples* : a) verbes au passé simple : vins, chanta. b) verbes au subjonctif : chantât, finisses.

Leçon n° 15 - *Dictée* : en-, re-, a-, ap-, e-.

Leçon n° 17 - *Dictée* : a) pronoms démonstratifs : c', ce. b) adjectifs démonstratifs : ces (journalistes), ce (professeur), ce (battage).

Leçon n° 19 - *Dictée* : à dix heures : compl. circ. de temps ; au nord-ouest : compl. circ. de lieu ; à notre rencontre : compl. circ. de lieu ; à demander : compl. circ. de but ; au moment où : compl. circ. de temps ; à recommencer : attribut de tout ; à vingt mètres : compl. circ. de lieu ; à la fois : locution adverbiale modifiant le sens du verbe aller ; à la douceur : compl. objet indirect ; à la mer : compl. circ. de lieu.

Quoique nous soyons proches : bien que... ; quoi qu'on en ait dit : quelle que soit la chose qu'on ait dite.

Leçon n° 20 - *Dictée* : guetter, être, faire, arrêter, dissiper, continuer, s'élever, gagner, défiler, atterrir, passer.

Leçon n° 22 - *Dictée* : cruauté, tranquillité, réalité, immobilité, possibilité, banalités, imbécillités, vérités, moralité.

Pas même un nuage : adverbe, invariable ; pas même une goutte : adv., invariable ; les mêmes nuages : adj., masc. pluriel.

Leçon n° 25 - *Exemples* : vertes, fréquentes, grises, nus, aubergine, rouge cerise, bleus, émus, bouilli, congelée, possible, grecque, latine, française.

Dictée : chétive, dégénérés, cagneux, tuberculeux, tombante, bleu, épaisses, grande, chrétiennes, vieilles, célèbre.

Leçon n° 26 - *Dictée* : termes en *-sion* : possession ; termes en *-tion* : réquisition ; mots en *-ou* : cou, bijoux.

Leçon n° 30 - *Dictée* : correctement, littéralement, seulement, notablement, décemment.

Leçon n° 34 - *Exemples* : je partirai (futur) ; j'aurai reçu (futur antérieur) ; je partirais (conditionnel présent) ; j'aurais reçu (conditionnel passé).

Dictées : Futurs de l'indicatif : verrez (vous), prétendront (les gens du pays) ; affirmeront (les incrédules), jureront (les pêcheurs). Présents du conditionnel : ressembleraient (les cris), verrait (on), conduirait (un vieux berger), connaîtrions (nous), auriez (vous), aurais (je).

Leçon n° 35 - *Exemples* : 1) Quand je commence à tracer un sillon, j'avance lentement. Jadis nous balancions beaucoup trop les bras en ensemençant la terre. 2) Vous exigiez qu'elles hébergeassent ce malheureux. 3) Ils distinguaient les lettres sans se fatiguer. 4) Ils appellent tous les numéros que nous avons jetés. 5) Nous essuyons, nous balayons, mais nous refusons que je paie.

Dictée : il commença, je voyais, haleter, plaça, voyez-vous, elle voyait, je songeai.

Leçon n° 36 - *Exemples* : 1) La flamme, dansant dans l'âtre, dessinait des formes fantastiques ; le feu, dansant dans l'âtre, dessinait des formes fantastiques ; les feux, dansant dans l'âtre, dessinaient des formes fantastiques. 2) La flamme dansante dessinait des formes fantastiques ; le feu dansant dessinait des formes fantastiques ; les feux dansants dessinaient des formes fantastiques. 3) La flamme dessinait des formes fantastiques en dansant dans l'âtre ; le feu dessinait des formes fantastiques en dansant dans l'âtre; les feux dessinaient des formes fantastiques en dansant dans l'âtre.

Dictée : Participes présents : m'épiant, me regardant, me pénétrant, me dominant. Gérondifs : en se cachant. Adjectifs verbaux : désolante.

Leçon n° 37 - *Exemples* : 1) Elle s'est absentée quelques instants. 2) Il s'est aperçu de ma bonne foi. 3) Elle s'est battue. 4) Impossibilité de mettre la phrase au singulier. 5) Il s'est construit une maison. 6) Nous avons vu la maison qu'il s'est construite. 7) Elles se sont coupées. 8) Elles se sont coupé les cheveux.

Dictée : S'était plu (se est C.O.I., plu est invariable), s'est jouée (se, C.O.D. représentant la fortune, donc accord), s'était développée (se C.O.D., donc accord), je me suis bâtie (C.O.D. placé avant le verbe , donc accord avec «la demeure»), se sont succédé (cf. exemple 4), ils se sont imposé (se est C.O.I., imposé est invariable), se sont complu (verbe intransitif, donc invariable), se sont évanouies (verbe n'existant qu'à la forme pronominale, donc accord avec «théories»).

Leçon n° 38 - *Exemples* : entendus jouer (actif), entendu jouer (passif), vus sortir (actif), vus grandis (actif), vu abattre (passif), fait venir (actif).

Leçon n° 39 - *Dictée* : tout à coup, autour, parmi, à son tour, mais, assez, pour, à reculons, et, comme, très, malgré, alors, en, dans, sous, sur, partout, puis, y, après, bien, à double tour, longtemps, ne... pas, ne... point, qui, déjà, que, ou, quand, en bas, jusque, aussi.

TABLE DES MATIÈRES

Dépôt légal : mai 1984.
Dépôt légal 1ere édition : 2e trimestre 1981.
Imprimerie S.E.P.C., 18200 SAINT-AMAND MONTROND
N° d'imprimeur : 682.
Achevé d'imprimer le 12 avril 1984.
Imprimé en France